weber

Tafelspitz, Grüner Veltliner & Co

Das österreichische Weinkochbuch

Isa Svec

Tafelspitz, Grüner Veltliner & Co

Das österreichische Weinkochbuch

Genuss-Geschichten und kostbare Rezepte aus Österreichs Küchen und Kellern

pichler verlag

Liebe Leserin, lieber Leser!

Kochen mit Wein, Genuss rund um den Wein ....

In sehr genussvollen Geschichten erzählen die Wirte und Winzer von streng gehüteten, alten Familienrezepten, regionalen Traditionen und ihren ganz persönlichen Küchengeheimnissen.

Es ist ein Blick in die Küchen und Keller der Regionen, ein Blick über den Tellerrand in die traditionelle Wirtshausküche und ein Blick über den Flaschenrand in die Weinkeller und Winzerküchen.

In zahlreichen Geschichten und Rezepten entdeckt der Leser völlig neue Seiten einer Weinregion, taucht ein in alte Traditionen und trifft auf die Wurzeln regionaler Kulinarik.

Es ist eine kulinarische Reise durch Österreichs Weinregionen, mit ihrer Vielzahl an traditionellen Rezepten und regionalen Geschichten.

Und es ist auch eine sehr persönliche Begegnung mit Österreichs Spitzenwinzern und alteingesessenen Wirten.

Die kostbarsten Rezepte, Geschichten und Tipps rund um den Wein – das ist eine bemerkenswerte Mischung aus Küche, Keller und Kulinarik, die dieses Buch zu einem besonderen Koch-Erlebnis und genussvollen Lesebuch macht.

Der anspruchsvoll in Szene gesetzte Reigen von Landschaft, Regionen, Geschichten, köstlichen Rezepten – angefangen mit traditioneller Hausmannskost bis hin zu eigenständigen und unverwechselbaren Geschmackserlebnissen mit genussvollen Wein-Empfehlungen – macht Lust auf mehr!

Ein Erlebnis für alle Sinne ...

Viel Freude beim genussvollen Lesen und Nachkochen,
beim Schmökern und Schmecken

wünscht Ihnen

Isa Svec
Autorin

Ein Tipp unserer Spitzenköche:

Zum Kochen braucht man drei Flaschen Wein:

1 Flasche für den Koch/die Köchin

1 Flasche fürs Gericht

1 Flasche als Speisenbegleiter

Inhaltsverzeichnis

„Man soll dem Leib etwas Gutes bieten, damit die Seele Lust hat, darin zu wohnen."

Was schon Winston Churchill wusste, merken wir zum Beispiel bei einem genussvollen Essen in geselliger Runde oder einem Glas Wein in angenehmer Atmosphäre. Gutes Essen und guten Wein verbinden wir automatisch mit Gemütlichkeit, Behagen, Freude und Glück. Aber was wäre das eine ohne das andere? Guter Wein und gutes Essen gehören zusammen. Ob als Begleiter zu köstlichen Speisen oder als delikate Zutat für verschiedene Gerichte – der Wein beweist sich als ein wahrhaft kulinarisches Multitalent.

Österreichischer Wein ist – international gesehen – eine rare Besonderheit. Viele verschiedene Gründe machen den österreichischen Wein so besonders und haben ihm zu hoher Wertschätzung verholfen: Ganz wesentlich ist die Weintradition. Weinbau ist auf dem Gebiet des heutigen Österreich schon seit Jahrtausenden verwurzelt. Weinreben gehören zum Landschaftsbild, zur Kultur und zum gelebten Alltag. All das braucht aber den Menschen dahinter. Bodenständigkeit und Weitblick der Winzerinnen und Winzer haben eine Verbindung zwischen Weinbautradition und zeitgemäßer Verarbeitungstechnik geschafft, die dem Weinbau ein unvergleichliches Image verleihen. Das Ergebnis ist eine Vielfalt in der österreichischen Weinkultur von spritzigen, leichten bis zu kraftvollen Weißweinen, von fruchtigen bis gehaltvollen Rotweinen und nicht zuletzt von Süßweinen voller Finesse.

Durch ihren kompakten Körper und die klimabedingte Frische sind Österreichs Weine geniale Speisenbegleiter zu Gerichten der unterschiedlichsten Kochstile und Küchen. Die charakteristische ausgewogene Fruchtsäure und ausgeprägte Aromatik erhalten die österreichischen Weine durch die Temperaturunterschiede zwischen warmen Tagen und kühlen Nächten. Und schließlich ist der österreichische Wein fest in der herrlichen kulinarischen Tradition Österreichs verwurzelt. Österreich ist das kulinarische Zentrum Mitteleuropas und verbindet in seiner Küche die Einflüsse aus allen Erbländern der ehemaligen k. & k. Monarchie.

Ich freue mich, dass diese glückliche Kombination von Wein und Speisen nun im „Österreichischen Weinkochbuch" Niederschlag gefunden hat und gratuliere der Autorin Isa Svec herzlich zu dieser gelungenen kulinarischen Reise. Neben genussvollen Rezepten und Weinempfehlungen, die weit über die Klassiker „Grüner Veltliner" und „Tafelspitz" hinausgehen, machen dieses Buch vor allem die Geschichten hinter den Weinen und die Vorstellungen österreichischer Weinbaubetriebe zu etwas Besonderem.

Tauchen Sie ein in die genussvolle Welt der österreichischen „Weinküche" und erleben Sie die Geschichten hinter den Weinbaubetrieben. Lassen Sie sich von den Rezepten inspirieren und machen Sie Ihrer Seele Lust!

Ihr Johannes Schmuckenschlager
Präsident des österreichischen Weinbauverbandes

Wein und Essen – zwei Säulen einer Kultur

Was gibt es Schöneres als ein gutes Essen im Kreis lieber Menschen, begleitet von einem dazu passenden Glas Wein? Dieses alte Ritual der Gemeinsamkeit und des Genusses ist tief in der Kultur der Menschen verwurzelt und reicht von der geselligen Bereicherung der alltäglichen Nahrungsaufnahme bis hin zum Zelebrieren feierlicher Anlässe und Feste. Beides verschafft den Menschen Vergnügen und Lebensfreude und darf daher eindeutig zu den positiven und sinnstiftenden Elementen unserer Existenz gezählt werden.

Das ist heutzutage umso wichtiger, als der Konsum von alkoholischen Getränken von genussfeindlichen Eliten in Frage gestellt wird. Werbeverbote, hohe Besteuerung, Alkoholverbote in gewissen Umgebungen und zu bestimmten Zeiten sowie strenge Verkehrskontrollen sprechen hier eine deutliche Sprache.

Umso wichtiger ist es, dass der Wein immer in Verbindung mit seinem kongenialen Partner, dem Essen propagiert wird. Hier erfährt dieses alte, wertvolle Kultgetränk seine höchste Bestimmung. Hier entfalten die Inhaltsstoffe, auch der Alkohol, seine angenehmsten und gesundheitsförderndsten Wirkungen, wobei die sorgfältige Abstimmung der Weintypen zu den jeweiligen Speisen Ausdruck einer besonders entwickelten kulinarischen Kompetenz ist.

Österreichs Wirte und Winzer, diese alte Symbiose zweier alter Zünfte der Gastlichkeit, verstehen sich bestens auf diese hohe Kunst im Dienste des Genusses. Dieses Phänomen greift die Autorin des „Österreichischen Weinkochbuchs", Isa Svec, auf, um einige Protagonisten der Gastronomie und der Weinszene unseres Landes mit ihren besten Kombinationen von Speisen und Weinen vor den Vorhang zu holen. Schon beim Durchblättern „rinnt einem das Wasser im Mund zusammen", wie man hierzulande so schön sagt. Aber beim näheren Studium dieses wahrlich bacchantischen Buches eröffnet sich dem interessierten Leser gleichsam als Zugabe das ganze Panorama der österreichischen Weinbaugebiete mit ihren herkunftstypischen Weinspezialitäten. Als Diplom-Sommelière und Weintouristikerin findet Isa Svec die besten Wirtshäuser, die schönsten Weinlandschaften, die angesagtesten oder unbedingt zu entdeckenden Winzerpersönlichkeiten und verrät deren Lieblingsrezepte immer mit einem besonderen, exakt auf das Rezept abgestimmten Weintipp.

Auf diese Weise inspiriert, können sich die Leser auf die Fersen der Autorin heften, um bei einer Reise zum Wein die kulinarischen Genüsse an Ort und Stelle leibhaftig zu erleben. Und wenn es bis zur nächsten Weinreise noch etwas dauert, steigt die Vorfreude jener, die die hervorragend weinfreundlichen Rezepturen am eigenen Herd ausprobieren und sich dann mit der passenden Flasche Wein und einer fröhlichen Runde diesem vollkommenen Genuss hingeben, nach dem Motto: „Leben wie Gott in Österreich!".

Willi Klinger
Geschäftsführer Österreich Wein Marketing GmbH

Speisen und Wein

Damit zwischen Speise und Getränk eine wirkliche Harmonie entsteht, genügt es nicht, den Wein auf eine bestimmte Fleischsorte abzustimmen. Meist sind nämlich Saucen und Beilagen wesentlich intensiver im Geschmack als das Fleisch selbst.

Beispiel: Ein Huhn hat wenig Geschmack, wird es aber entsprechend gewürzt, z. B. mit mediterranen Gewürzen wie Rosmarin oder mit Grillgewürzen, so verändert und verstärkt sich der Geschmack!

Der Wein ist deshalb auf das **geschmacksintensivste Produkt** in der Speise abzustimmen, meistens die Sauce oder die Gewürze, manchmal auch die Beilage.

Tipp: **Der Wein, der als Speisenbegleiter auf den Tisch kommt, sollte auch zum Kochen verwendet werden!**

✗ **Keine fehlerhaften Weine zum Kochen verwenden, verdirbt die Speise!**

Einige Regeln

Säure und Säure ✗ nein (bitter)

Treffen die Säuren von Speisen und Wein zusammen, addieren sie sich **unangenehmerweise – der Geschmack wird bitter.** z. B. Salat und Wein ist problematisch: Die Essigsäure ist der große Feind des Weines. Daher ist zu allen Salaten, Vorspeisen, Fisch- und Fleischspeisen, die mit Essig gewürzt sind, **Wein nicht zu empfehlen.**

Tipp: Dem Salat durch Speck oder gebackene oder gebratene Fleischstücke mehr Körper verleihen (z. B.: Gebackene Hühnerstreifen mit Blattsalat etc.). Wein mit wenig Säure wählen, z. B. Spätlesen.

Salz und Säure ✗ nein (bitter)

Stärker gesalzene Speisen (wie Fischsalate etc.) und die Säuren des Weines (Wein- und Äpfelsäure) addieren sich ebenfalls. **Der Gesamtgeschmack wird unangenehm bitter.**

Süße und Säure ✗ nein (Säure wird betont)

Ein säurebetonter Wein wird durch Zucker in jeglicher Form noch aggressiver, d. h.: zu Speisen, die mit Zucker zubereitet werden, **keine säurebetonten Weine** servieren! (Achtung: Süße im Gemüse, z. B. Karotten!)

Tipp: Spätlesen mit leichter Restsüße

Säure und Gerbstoffe (Tannine) ✗ nein (bitter)

Säure in Speisen und Gerbstoffe im Wein verhalten sich wie Säure und Säure zueinander, es entsteht also ein **unangenehmer** Geschmack.

Salz und Gerbstoffe (Tannine) ✗ nein (bitter)

Wie Salz und Säure, der Geschmack wirkt ebenfalls unharmonisch.

Tipp: **Vorsicht bei Käse und Rotwein!**

Säure und Fett ✓ ja

Die Weinsäure hilft, ölige, fettreiche Speisen und Substanzen leichter aufzulösen. Auch die Polyphenole im Rotwein können die negativen Begleiterscheinungen des Fettstoffwechsels mildern!

Schärfe und Süße ✓ ja

Scharfe Speisen und die Restsüße in halbtrockenen Weinen wirken ausgleichend aufeinander. Auch körperreiche Weine mit höherem Alkoholgehalt und viel Extrakt balancieren die Schärfe in der Speise perfekt aus.

Gerbstoffe (Tannine) und Röstaromen ✓ ja

Die Tannine im Rotwein harmonieren gut mit Röstaromen des Bratens und Grillens!

Tipp: Grillspeisen, z. B. Steak, Schmorbraten, mit kräftigen Rotweinen oder gehaltvollen Weißweinen, eventuell im Holzfass ausgebaut!

Saucen, Zutaten und Gewürze

Rahm und Buttersaucen

Saucen, die mit Obers oder Butter gebunden sind, enthalten Milchzucker, zudem ist auch noch Salz enthalten.

Tipp: säurearme Weine, Weine mit hohem Extrakt, Weine im halbtrockenen Bereich

Sauce Hollandaise, Sauce Béarnaise

Enthalten viele Eier und Fett. Beides belegt die Zunge, die Eier binden die Geschmacksstoffe (die Geschmacks-Papillen werden isoliert).

Tipp: extraktreiche und körperreiche Weine

Kräuter und Gewürze

Harmonieren mit Wein: Basilikum, Dille, Kerbel, Majoran, Oregano, Petersilie, Pfeffer, Salbei, Thymian, Wacholder. **Vorsicht:** Gewürze mit einem hohen Anteil an ätherischen Ölen wie z. B. Knoblauch, Kren, Minze, Rosmarin oder Schnittlauch. **Speisen, die mit Curry** oder anderen intensiven Gewürzen zubereitet sind.

Tipp: geschmacklich intensive, körperreiche Weine, Spätlesen

Käse

Durch die Lagerung in der Salzlake und die Reifung ergeben sich versteckte Käsesalze und würzige Aromen. Weine mit wenig Säure oder Tannin passen daher perfekt zur Käseplatte.

Tipp: Süßwein ist der perfekte Begleiter: Spätlese, Auslese, Beerenauslese, je nach Würzigkeit des Käses, oder körperreicher Rotwein mit gereiften Tanninen.

Desserts mit Schokolade oder Früchten

Vorsicht besonders bei Zitronen, Orangen, Mandarinen und Obstsalaten; mit Likören oder Destillaten

Tipp: Süßweine, hochwertige Prädikatsweine

Eis jeder Art: leider nein

Als Sorbet dient es als erfrischender Zwischengang zwischen den Menügängen. Durch die starke Unterkühlung wird das Geschmacksempfinden des Gaumens weitgehend neutralisiert.

Tipp: Eis und Sorbet für sich allein genießen!

Umgang mit Wein

Menü-Reihenfolge

- Kalte Vorspeisen
- Suppen, Kaltschalen
- Warme Vorspeisen, Zwischengerichte
- Fische
- Hauptgerichte, Beilagen
- Käse > letzter salziger Gang

- Warme Desserts
- Kalte Desserts

Verkostungsfolge

- Jung vor alt
- Weiß vor rot
- Aufsteigender Alkoholgehalt (leicht vor stark)
- Neutrale Sorten vor Bukettsorten
- Qualitätswein vor Prädikatswein

Lagerung

- liegend aufbewahren, damit der Kork seine Elastizität bewahrt (Oxydation!)
- dunkel und kühl
- Temperatur zwischen 8 und 14 °C
- 70–80 % Luftfeuchtigkeit
- keine Fremdgerüche (Zwiebel etc.), Wein atmet!

Serviertemperaturen

6–8 °C	Schaumwein, Sekt
8–10 °C	leichter Weißwein, Rosé
10–12 °C	guter Weißwein, Spät- und Auslese
12–14 °C	hochwertiger Weißwein, hohes Prädikat
14–16 °C	einfacher Rotwein
16–18 °C	kräftiger, hochwertiger Rotwein
18–19 °C	reifer, großer Rotwein

Wien

Wien

Bitzingers Augustinerkeller

„Wien ist die einzige Landeshauptstadt der Welt mit Weinbau und gleichzeitig ist Wien die einzige Stadt der Welt, die der Küche ihren eigenen Namen gegeben hat – Wiener Küche!“

Josef Bitzinger

Die Familie Bitzinger gehört zu Wien wie der Gemischte Satz.

„Die Wiener Küche ist durch ihre 2000-jährige Geschichte und durch den Einfluss der Kronländer besonders vielfältig und facettenreich. Auch der Wiener Weinbau hat eine lange Tradition und hat im Zusammenspiel mit Wein und Speisen natürlich seinen Platz in der Wiener Küche! Wiener Wein und Wiener Küche ergänzen sich gegenseitig auf geradezu geniale Weise und sind vom Heurigen bis zur Spitzengastronomie untrennbar miteinander verbunden …“

Wien ist nicht nur eine pulsierende, moderne Großstadt, sondern auch eine eigene Weinbauregion. Rund 700 Hektar Weingärten befinden sich innerhalb der Stadtgrenzen – das ist weltweit einzigartig! Die Lagen am Bisamberg nördlich der Donau, in Strebersdorf, Stammersdorf und Jedlersdorf sind besonders günstig für die Burgunderfamilie. Von Ottakring über Hernals hinauf nach Pötzleinsdorf und vor allem in Heiligenstadt, Nussdorf, Grinzing, Sievering und Neustift am Walde sind Grüner Veltliner und Riesling auf den meist sehr kalkreichen Böden bevorzugt. Im Süden Wiens mit Mauer, Rodaun und Oberlaa sind Schwarzerdeböden zu finden, die sich gut für kraftvolle Weißweine und opulente Rotwein-Cuvées eignen. Ebenso wiederentdeckt wurde die Toplage Nussberg, die junge, ideenreiche Winzer aus allen Teilen der Weinstadt beinahe magisch anzieht. Auch der Wiener Gemischte Satz als Spezialität erfreut sich heute wieder großer Beliebtheit!

Die Familie Bitzinger gehört zu Wien wie der Gemischte Satz, schon seit drei Generationen führt sie den altehrwürdigen Augustinerkeller. Bitzingers Augustinerkeller ist einer der letzten Klosterkeller der Wiener Altstadt, heute noch kann man hier die Gewölbe der mittelalterlichen Wehrbefestigungen bewundern, die 1924 in ein Restaurant umgewandelt wurden. 1954 übernahm die Familie Bitzinger das Lokal, und heute pflegt hier, im Herzen der Stadt, mittlerweile die dritte Generation mit unermüdlichem Einsatz die Tradition der Wiener Gastlichkeit mit klassischen Wiener Spezialitäten, saisonalen Köstlichkeiten und den dazu passenden Weinen aus der eigenen Kellerei.

Die Harmonie von Wein und Speisen liegt Sepp Bitzinger als Präsident des Wiener Sommeliervereins besonders am Herzen: „Deshalb ist der Sommelier als Genussberater so unverzichtbar wichtig!“

Klassiker der Wiener Küche, wie das Riesling-Beuschel oder Rinderwangerl in Rotwein, werden hier ebenso gepflegt wie die süße Wiener Tradition.

Den Grundstein für das heutige Unternehmen legte Josef Bitzinger senior. Er führte über Jahrzehnte am Alsergrund eine weit über die Grenzen Wiens bekannte Weinhalle, übernahm 1954 den Augustinerkeller in der Augustinerstraße 1 und führte erfolgreich eine Weinkellerei. Sepp Bitzinger, Absolvent der Weinbauschule Klosterneuburg, stieg bei seinem Vater im Augustinerkeller ein, übernahm und baute den Betrieb erfolgreich aus.

Die österreichische Weinkultur wird im Hause Bitzinger hochgehalten und gepflegt. 2003 wurde die von Stararchitekt Hans Hollein entworfene Vinothek eröffnet, wo den Gast ein ganz besonderes urbanes Flair inmitten des offen gelegten rauen Steinfundaments der Albertina erwartet. Dass der Wiener Wein nicht nur hervorragend zur traditionellen Wiener Küche passt, sondern auch zur klassischen Wiener Würstelstand-Tradition, beweist die Familie Bitzinger seit 1999 mit dem legendären Würstelstand zwischen Oper und Danubiusbrunnen und mit einem Stand im Wiener Prater beim Riesenrad.

Ganz der Familientradition entsprechend, sind Valerie und Josef Philipp Bitzinger schon im elterlichen Betrieb tätig. Sie unterstützen Sepp Bitzinger tatkräftig in Geschäftsführung und Verkauf.

Und so bleibt ihm vielleicht einmal Zeit, seine Vorstellung von Genuss auszukosten: „An der alten Donau sitzen, den Sonnenuntergang genießen bei einem Glas Wiener Wein, da geht mir das Herz auf …“

Bitzingers Augustinerkeller
Augustinerstraße 1, 1010 Wien, Tel. +43(0)1/533 10 26
www.bitzinger.at

Thomas Fuhrgassl-Huber

Weingut Fuhrgassl-Huber

„Der Zusammenhalt der Familie ist für uns das Wichtigste, wir haben ziemlich die gleiche Vorstellung von den Dingen. Die Meinung des anderen ist uns sehr wichtig und wir unterstützen uns einfach in allen Lebenslagen ..."
Theresa und Thomas Fuhrgassl-Huber

„Ich hab schon als kleiner Bub gewusst, dass ich Winzer werden will. Weinbau war für mich immer Faszination pur, als Bub wegen der Traktoren!" Heute setzt Thomas Fuhrgassl-Huber das familiäre Engagement für die Weinkultur als Winzer mit fachlicher Kompetenz und Enthusiasmus fort, zahlreiche Prämierungen bestätigen seinen Weg: „Der Bezug zur Natur ist das Wichtigste, unsere Weingärten liegen direkt hinter dem Haus, das ist meine Heimat."

Dass in der „Hofübergabe" eine ganze Generation übersprungen wurde und der Großvater vor einigen Jahren dem Enkel das Ruder überlassen hat, sieht dieser als Herausforderung: „Das Verhältnis zum Großvater ist sehr gut, wie bei Vater und Sohn. Das alte Wissen über die Lagen, das Terroir, den Boden und die Tradition kann einem eigentlich nur der Großvater beibringen. Meine Aufgabe ist es jetzt, durch innovative Technik diese Tradition in der optimalen Qualität ins Glas zu bringen."

Die Gastronomie ist uns in die Wiege gelegt worden. Der Heurige ist unser Wohnzimmer.

Das Weingut und die Buschenschank Fuhrgassl-Huber liegen im Herzen von Neustift am Walde, zwischen Weinbergen und dem Wienerwald. Das traditionelle Fundament des Weingutes stammt von Ernst Huber, der mit seiner Frau Gerti in den 1970er-Jahren den „Wiener Heurigen“ neu interpretiert hat: Mit den gemütlichen Stuben, entstanden durch zahlreiche behutsame Zu- und Anbauten, hervorragenden Weinen und dem romantischen Innenhof wurde der „Fuhrgassl-Huber“ bald zu einer Pilgerstätte der typischen „Wiener Geselligkeit“ – so unverwechselbar wie der Wiener Wein selbst. Der Architekt des Hauses, Professor Walter von Hoesslin, ein bekannter Bühnenbildner und Mitbegründer der Bregenzer Festspiele, brachte auch viele bekannte Künstler nach Neustift.

Die rustikale Atmosphäre ist immer gemütlich, dafür sorgt Gerti Huber, die sich noch immer liebevoll um das Interieur kümmert.

Die gastronomische Leitung aber liegt heute in den zarten Händen von Theresa, Enkelin und Schwester von Thomas: „Die Gastronomie ist uns in die Wiege gelegt worden. Der Heurige ist unser Wohnzimmer, wir sind ja auch beim Heurigen, bei den Großeltern aufgewachsen.“ Theresa ist die perfekte Gastgeberin, kompetent und bodenständig zugleich, bemüht um familiäre Atmosphäre, das hat sie von der Oma gelernt: „Die Oma ist der Fels in der Brandung. Der Opa hat zwar das Zepter in der Hand, aber die Oma ist die starke Persönlichkeit dahinter, die immer alles zusammengehalten hat.“ Von der Oma hat Theresa auch viele alte, fast vergessene Rezepte der Wiener Küche übernommen. „Das Majoran-Fleisch, mit einem Schuss Neuburger und mit Erdäpfelschmarr'n, essen wir oft, das ist ein schnelles Gericht vom Schweins-Schopf.“ Der Majoran wächst im Garten hinter dem Haus und der Neuburger ist eine von Thomas' Spezialitäten:

„Ich lege viel Wert auf die Raritäten im Weingarten wie den Neuburger, denn der ist die Ursorte aller Buschenschank-Weine. Unser Neuburger wächst am Neuberg in Neustift und passt hervorragend zu kräftigen Speisen.“

Das Grundkonzept der Vinifizierung hat sich auch über die Generationen nicht verändert, auch wenn Thomas das Weingut erweitert und jüngst sogar einen neuen zweistöckigen Keller tief in die Erde gegraben hat.

„Das Wichtigste ist der Weingarten, der muss vital sein. Fühlt sich der Weingarten wohl, fühle ich mich auch wohl ...“

Weingut Fuhrgassl-Huber
Neustift am Walde 68, 1190 Wien, Tel. +43(0)1/440 14 05
www.fuhrgassl-huber.at

Gerhard Heilingbrunner

Restaurant Oktogon Am Himmel

„Genuss ist, wenn man auf den Punkt des göttlichen Gleichmutes trifft. Die Annäherung an diesen Punkt gibt es von vielen Seiten, und deshalb gibt es auch viele Geschmacksrichtungen."
Gerhard Heilingbrunner, Himmelvater

Wenn ein Ort „Am Himmel" heißt, dann muss es dort auch wirklich himmlisch schön sein, mit Wiesen zum Träumen und Die-Seele-baumeln-Lassen, mit Weingärten zum Wandern und dem Lebensbaumkreis für alle, die noch an alte Mythen glauben.

Und es braucht auch einen Himmelvater, der das alles lenkt und leitet …

Gerhard Heilingbrunner ist der „Himmelvater", nomen est omen, liebevoll wird er so genannt von seinem Team und seinen Gästen. Ein erdiger, naturverbundener Himmelvater ist er, aus einer oberösterreichischen Bauernfamilie: „Ich konnte schon früher Traktorfahren als Laufen." Aber mit durchaus weltlichen Visionen: „Schon seit Jahrhunderten ist das Areal Am Himmel ein beliebtes Ausflugsziel für die Wiener Bevölkerung. Als das ‚Kuratorium Wald' 1997 große Teile des Himmels gekauft hat, da waren das alles Felder, Äcker mit tiefgründigem Lehm und Schieferböden. Aber ich habe gewusst, hier möchte ich einen Weingarten pflanzen, und so haben wir unsere eigene Riede ‚Am Himmel' bekommen …"

Es ist eine Erfolgsgeschichte von mutigen Visionen, viel Tatkraft im wörtlichen Sinne und tiefer Freundschaft.

Alles andere ist Geschichte, eine Erfolgsgeschichte von mutigen Visionen, viel Tatkraft im wörtlichen Sinne und tiefer Freundschaft.

Sie sind das Erfolgsduo vom Weingarten „Am Himmel“, Winzer Michi Malat und Gerhard, der „Vitikulteur“.

Michael Malat zeichnet verantwortlich für die Vinifikation und Lagerung der Weine. So wie im familieneigenen Traditionsweingut Malat wird auch am Himmel naturverbunden gearbeitet. Sein Know-how erarbeitete sich Michi Malat zu Hause im Weingut im Kremstal, aber auch an der Universität für Bodenkultur und bei zahlreichen Auslandsaufenthalten von Neuseeland bis Argentinien.

„Es war toll in Wien während des Studiums so ein Projekt zu betreuen. Für mich war diese Vertrauensbasis sehr schön, ich habe die Möglichkeit bekommen, einen Weingarten nach meinen eigenen Vorstellungen zu bearbeiten, und Gerhard hat das Handwerk gelernt, er hatte schon immer einen grünen Daumen, und jetzt kann er ihn im Weingarten einsetzen!“

Die Feldarbeit verdankt der Himmel Gerhard Heilingbrunner. Nachdem Michi Malat den elterlichen Betrieb in Krems übernommen hat und stetig ausbaut, ist Gerhard nun der Weingartenmanager: „Schon bei der ersten Auspflanzung 1999 haben wir den typischen Wiener Gemischten Satz ausgesetzt, Grünen Veltliner, Neuburger, Sylvaner und Weißburgunder.“

Nach und nach wurden die Weingärten wieder richtig „aufgepäppelt“.

Die langjährige Zusammenarbeit und Freundschaft mit Winzer Michi Malat ist bereits mehrmals preisgekrönt und bringt von Jahr zu Jahr noch edlere Tropfen hervor. „Michi ist einer meiner besten Freunde, ein Herzensmensch und ein unverzichtbarer Teil des Himmels. Von ihm habe ich die Konsequenz gelernt, die man im Weinbau braucht – die strenge Hand! 70 % eines guten Weines machen die Trauben aus, 30 % der Winzer …“

Ab dem Jahrgang ’04 konnte man bereits schmecken, wie gut sich der Weinberg über Wien erholt, schon die ersten Veltliner waren großartig. Die Weine sind von hervorragender Qualität, beim Wiener Weinpreis erreichte der Grüne Veltliner von der Ried „Am Himmel“ eine Goldmedaille in seiner Kategorie. Versilbert wurden auch die Himmelweine Weißburgunder und der fruchtige Zweigelt.

Zum Genießen der himmlischen Weine gibt es wohl keinen perfekteren Ort als das Café Restaurant Oktogon Am Himmel, mit diesem wundervollen Blick über Wien.

Und wer Glück hat, der kann sogar einmal miterleben, wie der Himmelvater persönlich sein Lieblingsgericht, das „Kistl-Bratl“, mitten im Weingarten zubereitet: „Das muss mindestens 4–5 Stunden gegart werden.

Stress gibt’s beim Kistl-Bratl nicht, sonst wird die Sau nicht zart.“

Das muss ein Stück vom Himmel sein …

Restaurant Oktogon Am Himmel
Himmelstraße/Höhenstraße, 1190 Wien, Tel. +43(0)1/406 59 38
www.himmel.at

Franz-Michael Mayer

Weingut FM Mayer.Vitikultur

„Es ist die Einzigartigkeit von Wien, diese Verbundenheit von Stadt und Natur. Es ist ein Luxus, dass die Weingärten so nahe bei der Stadt liegen und trotzdem das Terroir, den Boden und das Mikroklima widerspiegeln ..."
Franz-Michael Mayer

„Es hat Jahre gebraucht, bis ich erkannt habe, welche Chance mir diese Stadt bietet. Dass ich derjenige bin, dem das Glück in die Wiege gefallen ist, hier, in diesem einzigartigen Umfeld mit Wein arbeiten zu dürfen …"

Er hat Wurzeln bekommen mit den Jahren, so wie seine Rebstöcke, ist gereift mit seinen Weinen und ihren Herausforderungen.

Er hat Wurzeln bekommen mit den Jahren, so wie seine Rebstöcke, ist gereift mit seinen Weinen und ihren Herausforderungen.

Franz-Michael Mayer ist nicht nur Kosmopolit und Individualist, sondern auch Perfektionist, von einer fast schon eigensinnigen Leidenschaft für seine Weine, und von den Winzerkollegen auch liebevoll „der Exote" genannt.

Den Spross einer der berühmtesten und ältesten Weinbaudynastien Wiens – die Familie Mayer ist seit 1683 im Weinbau verwurzelt und mit dem Heurigen „Mayer am Pfarrplatz" eine Wiener Institution – hat es schon früh in die Welt hinausgezogen.

Gleich nach der Weinbauschule Klosterneuburg, 1981, machte er sich auf den Weg nach Südafrika, um seinen persönlichen Horizont zu erweitern. „Ich wollte in Südafrika von Anfang an alles über die Verarbeitung von der Lese bis zur Vinifizierung lernen."

Seine Erfahrungen rund um den Globus haben den Ausnahme-Winzer nachhaltig geprägt, bestimmen bis heute seinen visionären Weg.

Zurück in der Heimat, gründete er 1999 seinen eigenen Betrieb FM Mayer. Vitikultur und begann, seine Inspirationen und Visionen in den eigenen Weingärten zu verwirklichen, mit neuen Rebsorten und verschiedenen Rebkreuzungen zu experimentieren. Sémillon, „der Stoff, aus dem Château d'Yquem gemacht ist", wächst im Weingarten am Nussberg unter dem Mandelbaum.

„Weltweine aus Wien", das ist der Schlüssel, der Zugang zu seinen unnachahmlichen Kreationen, die rar und – im wahrsten Wortsinn – kostbar sind. Weine mit dem gewissen Etwas, strukturiert von klassisch bis exotisch, mit diesem einzigartigen Trinkfluss, „dem Schwanzerl", wie man in Wien sagt.

Das Rezept für sein unverwechselbares Raritätenkabinett: „Große Lagen, jeder meiner Weingärten zählt zu den ‚Grand Crus' von Wien, niedrige Erträge, höchste Reife und akribische Arbeit vom Weingarten bis zur Flasche."

Wenn es um Preise bei sämtlichen Rankings geht, ist der Name Franz-Michael Mayer immer ganz vorne dabei.

Aber nicht nur der Wein, sondern auch die kulinarischen Genüsse faszinieren Franz-Michael. Und weil seine Weine mittlerweile auf den Weinkarten berühmter Haubenrestaurants vom Adlon in Berlin bis hin zu österreichischer Spitzengastronomie zu finden sind, hat Franz-Michael auch die Haubenküche entdeckt: „Mich fasziniert die Komposition der Speisen, wenn man sich manchmal fragt, wie kann das zusammenpassen, und doch ergibt es so eine schöne Harmonie. Das passt zu meinen Weinen, denn meine Weine sind genauso facettenreich wie diese Speisen …"

Trotz Sterne-Menüs ist er doch eher verwurzelt im Bodenständigen, in der Wiener Küche der Großmutter, aufgewachsen zwischen Heurigem und Weingärten. Der Mostbraten ist so eine Kindheitserinnerung, der Festbraten am Sonntagstisch während der Lesezeit. Zwillingsschwester Michaela, sie führt heute noch die Küche im Heurigen „Mayer am Pfarrplatz", hat diese alten Rezepte gesammelt.

Es ist eine kulinarische Zeitreise, von den Familienwurzeln in die exotische Fremde und wieder nach Hause: „Genuss ist auch eine Frage der Reife, nicht nur Reife der Weine, sondern auch der persönlichen Reife. Man muss wissen, wo seine Wurzeln sind."

Franz-Michael macht keinen Wein, er lebt seine Weine, sie tragen nicht nur seinen Namen, wie der „Francisco Miguel", sondern in jedem Schluck schwingt auch ein Stück seiner Persönlichkeit mit.

Und im Wiener Gemischten Satz, da spiegelt sich seine Seele, so vielseitig und vielschichtig wie Franz-Michael selbst …

Weingut FM Mayer.Vitikultur
Eroicagasse 6, 1190 Wien, Tel. +43(0)699/12027785
www.fm-vitikultur.at

Fritz Wieninger

Weingut Wieninger

„Der Wiener Gemischte Satz spiegelt die Identität dieser Stadt wider: Wien als alte Hauptstadt eines Vielvölkerstaates, die über Jahrhunderte verschiedene Religionen und Nationen vereint hat. Er ist wie die Wiener selber, immer ein bisserl anders, je nach Jahrgang einmal spritziger, einmal reifer, der Wiener Gemischte Satz ist ein Abbild der Stadt ...“
Fritz Wieninger

Ganz Wien in einem Wein: „Der Wiener Gemischte Satz schmeckt so, wie wenn man als Besucher das erste Mal in Wien eintaucht. In der Nase mit einem Hauch Abenteuer und Exotik, vielschichtig und überraschend, immer spannend, wie ein beschwingter Walzer am Kaffeesiederball in den frühen Morgenstunden ...“

Fritz Wieninger, Stammersdorfer Urgestein und einer der großen Pioniere des Wiener Weins, rückte in den vergangenen Jahren den Wiener Gemischten Satz sehr engagiert ins Rampenlicht der internationalen Weinwelt: „Der Wiener Gemischte Satz ist die traditionsreichste Spezialität im Wiener Weinbau. Er ist nicht nur typisch für Region, Boden und Kleinklima, sondern auch Symbol und Spiegelbild der Wiener Kultur. Für diesen authentischen Terroir-Wein stehen die Reben verschiedener Sorten bunt gemischt im Weingarten und bringen ihre spezifischen Charaktereigenschaften ein. So entsteht ein besonders komplexer und vielschichtiger Wein.

„Wiener Wein“ und Wieninger könnte man fast als Synonyme verstehen.

Das Besondere ist, dass die Trauben gemeinsam wachsen, geerntet und verarbeitet werden – ein Wiener Klassiker!"

Im Jahr 1999 übernahm Fritz Wieninger eine kleine Weingartenfläche mit vier Hektar Rebfläche am Nussberg, bepflanzt mit reinem Wiener Gemischten Satz. Damals erlebte er die große Überraschung, die sein Denken und seine Einstellung als Wiener Winzer grundlegend veränderte: „Als ich vom großen Fass gekostet habe, war ich sprachlos. Wenn man zwischen sehr gutem Wein und großem Wein unterscheidet, so war der reinsortig ausgebaute Grüne Veltliner guter Wein, der Gemischte Satz aber, der war großer Wein! Das hat mich überzeugt …"

Den Auftakt bildete 1999 der „Nußberg Alte Reben", ein Einstieg, der ihn vom Zweifler zum Propheten werden ließ: „Ferdinand Hengl und Franz Mayer, zwei alte Weise, haben des Öfteren versucht, mir die Bedeutung des Wiener Gemischten Satzes einzuimpfen. Und dann habe ich den Gemischten Satz vom Nussberg das erste Mal gekostet und habe begriffen, dass die beiden recht haben!" Alles andere ist Geschichte …

Fritz Wieninger vinifiziert zwei Kategorien: den klassischen Wiener Gemischten Satz und den gehaltvollen Wiener Gemischten Satz mit Lagenbezeichnung. Die Weingärten liegen sowohl am Bisamberg als auch am Nussberg.

Der Höhenflug des Wiener Weins in den letzten Jahren ist auch sein Verdienst. Unter dem Namen „WienWein" formierte man sich 2006 zu einer Gruppe, um den Wiener Wein in seiner Einzigartigkeit auf der ganzen Welt bekannt zu machen und den Gemischten Satz neu zu interpretieren. Das ist mit selbst auferlegten hohen Qualitätsmaßstäben gelungen, die mittlerweile in die Wiener Weinbauverordnung eingegangen sind. Der „Wiener Gemischter Satz DAC" ist heute ein Markenzeichen für die Weinstadt Wien …

„Wiener Wein" und „Wieninger" könnte man fast als Synonyme verstehen. Das rund 100 Jahre alte Weingut überzeugt mit den authentischen Terroir-Weinen auf höchstem Qualitätsniveau sowohl in seiner Heimat als auch international. Der „Pinot Noir Grand Select", der Star von den besten Pinot-Trauben, der „Chardonnay Grand Select", Liebling der Top-Sommeliers, oder der „Riesling Nußberg" sind Legende. Alle Weine stammen aus den Toplagen Bisamberg und Nussberg.

Und weil Fritz immer schon ein Pionier der ersten Stunde war und in der konventionellen Weingartenarbeit eine Sackgasse sah, stellte er 2008 das gesamte Weingut auf biodynamischen Betrieb um.

Auch in der Küche setzt Fritz Wieninger auf Bodenständigkeit und Authentizität und vinifiziert sogar seinen eigenen Chardonnay-Essig!

Und zu allen Speisen der Wiener Küche passt ein Wein: „Wiener Gemischter Satz DAC Rosengartl", die Diva von besonders alten Reben …

Weingut Wieninger

Stammersdorfer Straße 31, 1210 Wien, Tel. +43(0)1/2901012

www.wieninger.at

Peter Wolff
Heuriger und Weingut Wolff

„Ich habe den schönsten Beruf der Welt, einerseits die Arbeit in und mit der Natur im Weingarten, andererseits der Umgang mit den Menschen beim Heurigen!“
Peter Wolff

„Die Wiener Heurigenküche ist ein bisschen im Wandel, weg vom Deftigen, hin zu einer leichteren Küche. Das wirkt sich natürlich auch auf die Weine aus. Die sind leicht und fruchtig, aber mit Betonung des Terroirs. Der Grüne Veltliner vom Nussberg mit den Gneis-Verwitterungsböden hat diesen typischen mineralischen Ton, der den Nussberg berühmt gemacht hat. Als ‚Nussberger‘ ist dieser Grüne Veltliner seit Generationen ein Begriff!“

Seit Jahrhunderten ist auch das Weingut Wolff berühmt. Seit 1609 als Familienbetrieb geführt, ist das Weingut in Neustift mit seinem Heurigen heute einer der traditionsreichsten Weinbaubetriebe Wiens.

Seit über 400 Jahren betreibt die Familie Wolff Weinbau in einer der beliebtesten Weingegenden Wiens. In sanften Terrassen schmiegt sich der Heurigenbetrieb, einer der schönsten von Wien, mitten in die Weingärten. Dort wächst auch der berühmte Wiener Gemischte Satz: „Direkt hinter dem Heurigen stehen die Rebstöcke, traditionell gemischt und noch von meinem Vater ausgesetzt.

Der Heurige Wolff war schon in den 50er-Jahren der erste, der selbst gemachte Mehlspeisen angeboten hat.

Grüner Veltliner, Weißburgunder, Riesling oder Neuburger, alles Sorten, die in Wien und Neustift Tradition haben. Neustift ist der einzige Weinort, wo noch direkt hinter dem Haus die Weingärten liegen, wo man diese Tradition noch hochhält!"

Im Inneren des Heurigen scheint die Zeit stehen geblieben zu sein, der Gast fühlt sich zurückversetzt in die „gute alte Zeit" und genießt die Neustifter Weine in den romantischen, verwinkelten Stuben.

Der Betrieb ist kontinuierlich gewachsen in all den Jahren, behutsam erweitert und ausgebaut, immer mit viel Gespür vom Hausherrn selbst. Auch den jüngsten Zubau, das „Veltlinerschlössel", hat Peter selbst entworfen und gebaut. Wenn er nicht Winzer geworden wäre, hätte er sicher als Architekt und Baumeister Karriere gemacht. „Das ganze Haus hat eine natürliche Note, weil viele eigene Ideen eingeflossen sind und in harter Handarbeit selbst verwirklicht wurden!"

Peter Wolff ist aber nicht nur berühmt für seine ausgezeichneten Weine, sondern auch für seine köstlichen Mehlspeisen. Das Süße liegt ihm förmlich im Blut, war doch schon Großvater Wolff ein begnadeter Konditor.

„Der Heurige Wolff war schon in den 50er-Jahren der erste, der selbst gemachte Mehlspeisen angeboten hat. Mein Großvater als Zuckerbäcker hat die perfekte Verbindung zwischen Wein und Süßem geschaffen!"

Die Liebe zum Süßen blieb auch Peter, der nicht nur ausgebildeter Koch, Diplomsommelier, Kellermeister und Betriebswirt ist, sondern neben dem Weinbau auch das Zuckerbäckerhandwerk von seinem Vater gelernt hat. Noch heute werden alle Mehlspeisen und Süßigkeiten im Weingut Wolff von Hand im eigenen Betrieb hergestellt, der legendäre, selbst gezogene Apfelstrudel, der Topfen-Trauben-Strudel, die Mohnnudeln, die wunderbaren Florentiner und Schokospitze. Peter ist selbst sein bester Gast: „Ich gehe immer am Buffet vorbei und koste gerne von überall ein bisschen …"

Die Wiener Küche ist sein Leben, vom Schweinsbraten über die Schinkenfleckerln bis zu den legendären Topfennockerln mit Wein-Chaudeau: „Das hat meine Großmutter so gerne gemacht!"

Und wenn es seine Zeit erlaubt, dann steht Peter Wolff manchmal selbst in der Küche und zaubert eine seiner beliebten Mehlspeisen – eine wahre Gaumenfreude nicht nur für seine Stammgäste.

Und so pilgern die Gäste, darunter viele berühmte Persönlichkeiten aus Kunst, Kultur, Politik und Wirtschaft, bis heute zum Heurigen nach Neustift, denn: „Ich bin der Wolff, der auch backen kann …"

Heuriger Wolff
Rathstraße 46-50, 1190 Wien, Tel.+43(0)1/440 23 35
www.wienerheuriger.at

Niederösterreich

Carnuntum

Bittermann – Vinarium Göttlesbrunn

„Das Carnuntum steht für Vielfalt im kleinen Bereich, wir haben viele saisonale Produkte und kleine Erzeuger, das macht die Küche so abwechslungsreich und vielseitig. Das Carnuntum schmeckt sehr erdig, sehr intensiv, so wie seine Weine …"

Adi Bittermann

Seine große Leidenschaft allerdings ist das Grillen.

Carnuntum, das sind historische Stätten, fruchtige, elegante Weine und eine kulinarische Vielfalt, die ihresgleichen sucht.

Lange Tradition prägt dieses Weinbaugebiet, seine erste Hochblüte erlebte Carnuntum unter den Römern, die hier sehenswerte, aber auch kostbare Spuren hinterlassen haben. Archäologen fördern seit vielen Jahren Zeugnisse der römischen Kultur aus dem geschichtsträchtigen Boden von Carnuntum. Doch ebenso erstaunlich wie die kulinarischen Wurzeln sind auch die „Bodenschätze" von den rund 900 Hektar Rebfläche, allen voran gebietstypische Rotweine. Als „Rubin Carnuntum" mit dem Symbol des Heidentors verstärken sie die Identität dieses aufstrebenden Gebietes, getragen von einer Reihe dynamischer Winzerpersönlichkeiten.

Die Weingärten dehnen sich südlich der Donau über drei Hügellandschaften aus: das Leithagebirge, das Arbesthaler Hügelland und die Hainburger Berge.

Steinige, schwere Böden mit Lehm und Löss, Sand und Schotter und das pannonische Klima mit seinen heißen Sommern und kalten Wintern bieten besonders den Rotweinsorten beste Bedingungen, an der Spitze die am weitesten verbreitete einheimische Sorte Blauer Zweigelt, flankiert von Cabernet Sauvignon und Merlot.

Auch der Blaufränkisch wird in Carnuntum gepflegt, besonders am Spitzerberg im Osten des Anbaugebietes.

In Göttlesbrunn, im Herzen von Carnuntum, befindet sich das Mekka für Feinschmecker und Weinbegeisterte.

Denn hier, in der alten Volksschule, ist das Reich von Haubenkoch Adi Bittermann, „Koch aus Leidenschaft".

Liebevoll haben er und seine Frau Bettina – die Weinspezialistin des Hauses – das ehrwürdige Gemäuer renoviert, und im ersten Stock lockt das „Vinarium Göttlesbrunn" mit so kostbaren wie trinkfreudigen Kreszenzen der Spitzenwinzer aus der Region. Im Erdgeschoss präsentiert sich ein früheres Klassenzimmer nun als durchaus lustvoller Ort, und aus dem einstigen Turnsaal ist eine gemütliche Winzerstube geworden. Gekocht wird ebenfalls in einem Schulzimmer, denn das pulsierende Herz des Hauses, die Küche, in der Adi Bittermann heute die Kochlöffel schwingt, hat einst kleine „Tafelklassler" beherbergt.

Seine Küche ist bodenständig raffiniert und sein Motto schlicht: „Von Würsteln bis zur Gänseleber – ich will für jeden Gast und jede Brieftasche die ideale Speise bieten."

Geradlinig konsequent dominiert in seinem Kochstil die gutbürgerliche Küche, spielen regionale und saisonale Produkte eine große Rolle: „Ich brauche in der Küche keine Pinzetten, sondern einen guten Herd, eine gute Pfanne und ein tolles Grundprodukt!"

So wie die Artischocken aus dem Carnuntum, die hier eine lange Tradition haben, oder ein zarter Rehbraten: „Das Reh ist eigentlich eine Plage im Weingarten für den Winzer, aber für den Wirt eine Köstlichkeit am Teller …"

Seine große Leidenschaft allerdings ist das Grillen, in seiner „1. Carnuntum Grillschule" begeistert der Haubenkoch seine Gäste für die Qualität am Rost, um das Grillgut auch perfekt auf den Teller zu bringen. „Dabei gilt auch: Ich muss nicht jeden Tag Fleisch grillen, sondern es gibt so viele tolle Alternativen."

Wenn Adi nicht am Küchenherd steht, dann zieht es ihn hinaus in die Natur: „Der Grill ist die Küche im Garten, Grillen ist totale Emotion, zurück zu den Wurzeln, das Feuer und die Wärme vermitteln Wohlfühlen und Geborgenheit.

Ich grille aus Leidenschaft, und diese Leidenschaft möchte ich mit vielen Leuten teilen – beim Grillen gibt es keinen Professor, keine Adeligen, keine Hilfsarbeiter, sondern es sind alles Menschen, die aus Freude, Leidenschaft und Begeisterung grillen – Menschen wie du und ich …"

Bittermann – Vinarium Göttlesbrunn
Abt Bruno Heinrich Platz 1, 2464 Göttlesbrunn
Tel. +43(0)2162/81155
www.bittermann-vinarium.at

Lukas Markowitsch

Weingut Lukas Markowitsch

„Genuss ist für mich die sinnliche Erfassung von Geschmack, Farben, Musik, Worten und Düften!“
Lukas Markowitsch

„Winzer sein bedeutet für mich, der Natur ganz nahe zu sein und ein Produkt zu gestalten, das vielen Menschen Freude bereitet.“ Das Weingut Markowitsch befindet sich in Göttlesbrunn, im Herzen des Carnuntum, wo Lukas Markowitsch in den besten Göttlesbrunner Rieden, allesamt reine Südlagen, regionaltypische und charaktervolle Weine keltert. „Carnuntum ist für mich Zweigelt, herzhafte Kirsche, voller Körper, weiche, samtige Tannine …“

Die Leidenschaft für den Weinbau wurde Lukas und seinem Bruder Johann schon in die Wiege gelegt, bewirtschaften sie das Familienweingut doch schon in der dritten Generation.

Großvater Johann Markowitsch gründete 1950 die Weinkellerei Marko's Weine und baute sie kontinuierlich aus, ab 1975 lenkten Lukas' Vater Johann und seine Mutter die Geschicke des Hauses.

Nach der Ausbildung zum Weinbau- und Kellermeister in Krems und einigen Auslandsaufenthalten übernahm Lukas 1998 die Leitung im elterlichen Betrieb und setzte wichtige Impulse in Weingarten und Keller.

Carnuntum ist für mich Zweigelt, herzhafte Kirsche, voller Körper, weiche, samtige Tannine …

Parallel zur ständigen qualitativen Weiterentwicklung vergrößerten die Brüder Lukas und Johann die Göttlesbrunner Weingärten konsequent mit besten Lagen wie „Schüttenberg" und „Haidacker" und machten so binnen weniger Jahre aus dem kleinen elterlichen Betrieb „Marko's Weine" das preisgekrönte Qualitätsweingut Lukas Markowitsch.

Vor allem Bruder Johann leistet als studierter Landwirt und Herr über die Weingärten einen wertvollen Beitrag zur hohen Qualität der einzelnen Weine.

„Mein Zugang zum Terroir ist nicht nur der Boden und das Klima, sondern es spielen auch die Sorten und Produktionsmethoden eine wichtige Rolle. Die Weingartenbewirtschaftung und der Ausbau der Weine gemeinsam zeigen erst die Handschrift des Winzers!"

Der Rotweinanteil im Betrieb liegt heute bei zwei Drittel, die Sorte Zweigelt gilt hier wie im gesamten Weinbaugebiet Carnuntum als regionaltypisch und identitätsstiftend. Auf schottrigem Lehm, in der Riede „Haidacker", wurzeln 40-jährige Rebstöcke, und in diesem für Zweigelt hervorragend geeigneten Boden finden sich kraftvolle, füllige Weine, die hier ihre herzhaften Kirscharomen am besten zum Ausdruck bringen. Sowohl reinsortig als auch in verschiedenen Cuvées brilliert der Zweigelt und begeistert mit seiner Fruchtigkeit, so wie das Flaggschiff des Winzers, die „Cuvée Lukas", vinifiziert in den besten Fässern des Weingutes.

Aber auch die internationale Traubensorte Merlot hat ihren Fixplatz im Weinangebot. „Wir wollen für Zweigelt stehen, aber trotzdem die Sortenvielfalt, die so typisch für das Carnuntum ist, beibehalten."

In der Riede „Schüttenberg", einer der wärmsten Lagen in Göttlesbrunn, gedeiht vor allem der spät reifende Merlot und bringt fein strukturierte und extraktreiche Weine von samtiger Textur hervor.

Lukas ist nicht nur Winzer, sondern auch Koch aus Leidenschaft und als passioniertem Jäger kommt ihm natürlich vor allem Wild auf den Teller. Allerdings nur selbst erlegtes, in kreativen Variationen: „Es ist wie beim Wein, man muss beim Kochen auf seine Intuition vertrauen."

Lukas verarbeitet sein Wild selbst, der zarte Wildschweinschinken und seine herzhaften Wildschweinwürste sind begehrt, und das eigene, selbst erzeugte Wildgewürz verleiht jedem Gericht erst den richtigen Pfiff.

„Man muss den Leuten beibringen, dass man auch mit Kleinigkeiten ein tolles Geschmackserlebnis am Gaumen bereiten kann …"

Weingut Lukas Markowitsch
Kiragstettn 1, 2464 Göttlesbrunn, Tel. +43(0)2162/8226
www.weingut-marko.com

Franz Netzl

Weingut Franz und Christine Netzl

„Es muss sich immer etwas ändern, damit alles so bleibt, wie es ist …“
Franz Netzl

„Wir haben Löss und Schotter und ein Urgestein – das ist der Franz“, sagt Christine Netzl liebevoll über ihren Mann.

Und tatsächlich, Franz Netzl ist so etwas wie der Fels in der Brandung im Urmeer von Göttlesbrunn, mitten im Carnuntum.

Es ist in vielerlei Hinsicht einzigartig, das Weinbaugebiet Carnuntum. Zum einen durch die unverwechselbare Lage zwischen dem warmen Neusiedler See und der Donau mit ihren kühlen Winden, was die hohe Reife, aber auch kernige Frucht der Weine begründet. Zum anderen natürlich auch durch die Geschichte, denn die Römer haben diese Region geprägt, nicht nur mit ihrer Trinkkultur, sondern auch mit ihren prunkvollen Gebäuden der Legionsstadt Carnuntum, die heute noch erhalten sind – das Heidentor als Symbol prägt das Weinbaugebiet.

Wir haben Löss und Schotter und ein Urgestein – das ist der Franz.

Und im Besonderen auch durch seine charismatischen Winzer, die durch ihren Zusammenhalt bis über die Grenzen hinaus bekannt sind, nicht zuletzt durch die Gebietsmarke „Rubin Carnuntum“.

Einer ihrer Gründungsväter ist Franz Netzl. Vier Generationen leben und arbeiten im Weingut Netzl unter einem Dach, nach dem Motto: „Einmal Winzer, immer Winzer". Das Weingut im Herzen des Weinbaugebietes Carnuntum, in Göttlesbrunn, ist langsam und behutsam gewachsen. Auf der sanften Hügelkette des Arbesthaler Hügellandes gedeihen vor allem große, vielschichtig strukturierte Rotweine, wie der „Zweigelt Haidacker" oder die Cuvée „Anna-Christina", aber auch fruchtig-frische und durchaus aromatische Weißweine.

Wichtig dabei ist für Franz Netzl, die Eleganz, Finesse und den Charakter der Trauben zu erhalten, denn „der Schnüffler ins Glas und natürlich auch der Genuss unserer Weine sollen zum einzigartigen Erlebnis werden".

Die Linie ist klar. „Die Kombination aus hoher Reife und Mineralik ergibt sehr elegante Weine, keine jugendlichen Blender, sondern Langstreckenläufer!"

Der absolute „King" unter den Trauben allerdings ist der Zweigelt – er steht für Gebietstypizität und ist damit die Leitsorte der Region, als „Rubin Carnuntum" mittlerweile international ein Begriff.

Franz Netzl hat maßgeblich mitgeholfen, den „Rubin Carnuntum" so erfolgreich aufzubauen, hat seit der Gründung 1992 liebevoll über die Finanzen gewacht und entscheidende Impulse gegeben: „Der Rubin Carnuntum hat sich zu einer Visitenkarte der Region entwickelt!"

Von einer Fachjury jedes Jahr in einer strengen Verkostung ausgewählt, stehen die Weine der über 40 Rubin-Carnuntum-Winzer heute für einzigartigen Geschmack. „Der Zweigelt ist unser Fundament, kraftvoll, aber von der Frucht geprägt, sehr saftig und gehaltvoll, auch mit leichter Holznote, ein Jahr gereift."

Während Franz, der Denker, gekonnt Traditionen, das Altbewährte, mit Innovationen und dem Neuen verbindet, ist Christine die sinnliche Seele des Hauses. Sensorisch besonders talentiert, versteht sie die perfekte Kombination von Wein und Genuss und verwöhnt damit die gesamte Familie. Christines Kochkünste sind legendär und ihr Ruf reicht weit über den Atlantik. Ihre Spezialität, das „Wildschwein-Gulasch", lieben besonders die amerikanischen Gäste. „Mein Wildschwein-Gulasch ist berühmt zwischen New York und Washington."

Dazu kredenzt sie gerne die Cuvée „Anna-Christina", gewidmet den Töchtern Annemarie und Christina, eine Cuvée aus Zweigelt, Merlot und Cabernet Sauvignon aus den besten Lagen, wie „Haidacker" und „Bärnreiser".

Als Diplom-Sommelière ist Christine die oberste Instanz in Sachen Geschmack, aber auch Tochter Christina bringt schon ihre eigene Linie ein. Und Franz streut seinen Frauen kulinarisch gerne Rosen:

„Die Damen haben durch die Erfahrung in der Küche den geschulteren Gaumen, täglich aufs Neue erprobt …"

Weingut Franz und Christine Netzl
Rosenbergstraße 17, 2464 Göttlesbrunn, Tel. +43(0)2162/8236
www.netzl.com

Hans Pitnauer
Weingut Familie Pitnauer

„Man sollte die Zeit genießen! Wenn man ein Zentimetermaß nimmt und jedes Jahr 1 cm abschneidet vom Lebensmeter, dann merkt man, dass man diese paar Jahre sinnvoll verbringen soll ..."
Hans Pitnauer

Eigentlich sollte er ja Bäcker werden und die Bäckerei seines Onkels übernehmen. Doch wie so oft im Leben kam es anders und aus dem Bäckerlehrling wurde ein Winzer. Nicht irgendeiner, sondern ein Pionier, ein Rotweinpionier im Carnuntum.

Schon 1986 hat Hans Pitnauer einen legendären Wein geboren: den „Bienenfresser" – Kult seit über 25 Jahren. Mit dem „Bienenfresser" schrieben sie Geschichte: „Von der Idee des ‚Bienenfressers' sind wir nicht mehr losgekommen. Das Vorkommen des exotischen Vogels Bienenfresser in den Göttlesbrunner Weinrieden, damals lebten 27 Brutpaare hier, haben wir zum Anlass genommen, den besten Zweigelt unseres Hauses nach ihm zu benennen. So wurde dieser farbenprächtige Vogel zum Wappentier unseres Zweigelt-Engagements."

Im Laufe der Jahre wurde der „Bienenfresser" mit vielen begehrten Awards, Goldmedaillen und Titeln im In- und Ausland ausgezeichnet und heute ist das Weingut der Familie Pitnauer eines der meistprämierten des Gebiets.

Schon 1986 hat Hans Pitnauer einen legendären Wein geboren: den „Bienenfresser", Kult seit über 25 Jahren.

Hans Pitnauer ist einer der Vorkämpfer für den Zweigelt und wollte schon vor einem Vierteljahrhundert mit diesem hervorragenden und außergewöhnlichen Zweigelt auf das Terroir Carnuntum, auf den besonderen Boden und auf das bevorzugte Klima aufmerksam machen. Sich auf irgendwelchen Lorbeeren auszuruhen, kam für die Pitnauers jedoch nie in Frage. Daher gelten inzwischen auch Weine wie der reinsortige Syrah „Pegasos", die Cuvée „Franz Josef" oder der Geheimtipp, der „Cabernet Franc" vom Hagelsberg, zu den großen Weinen des Weingutes. Aber auch würzige, fruchtbetonte Weißweine, wie Grüner Veltliner, Sauvignon Blanc und Gelber Muskateller, finden sich in den Weinkellern der Familie Pitnauer. Große Verbundenheit mit der regionalen Landschaft, schonende Bewirtschaftung der Weingärten und ein achtsamer Umgang mit dem Traubenmaterial liegen Hans Pitnauer sehr am Herzen: „Ich bin wirklich Weinbauer mit Leib und Seele, ich produziere heuer meinen 43. Jahrgang!"

Hans Pitnauer ist auch ein Entdecker: „Ich bin immer für kleine Abenteuer zu haben!" Eines seiner größten Abenteuer war eine Safari in Namibia, die ihm seine Frau zum 40. Geburtstag schenkte, ein Abenteuer, das den passionierten Jäger bis heute noch fasziniert. „Die unendliche Weite und Ruhe, das hinterlässt den größten Eindruck." Sämtliches Wild, das erlegt wurde, kam auch auf den Teller, und so lernte Hans so exotische Köstlichkeiten wie Ochsenschwanzsuppe vom Büffel, Ragout vom Zebra oder Steak von der Impala kennen. Wenngleich die Jagd heute nur mehr Passion für den Winzer ist – „Die Natur ist der Ausgleich für das manchmal stressige Winzerdasein" –, so steht doch zu Hause oft und gerne Wildbret auf dem Speiseplan, natürlich selbst erlegt. Köstlichkeiten wie Göttlesbrunner Wildhase mit seinem zarten Geschmack, aber auch Fasan, Reh, Hirsch oder Wildschwein.

Am liebsten aber grillt Hans Pitnauer große Stücke vom Fleisch, das hat er von Adi Bittermann, dem „Meister der Grillküche" in Göttlesbrunn, gelernt: „Das hat etwas mit Abenteuer zu tun." Überhaupt nimmt Kochen und Essen einen großen Stellenwert im Leben der Familie ein, natürlich nur mit regionalen Zutaten.

So authentisch wie auch die Weine von Hans Pitnauer: „Ich mache keine Weine, die Kommerz sind, sondern nur solche, die mir persönlich schmecken."

Weingut Familie Pitnauer
Weinbergstraße 4-6, 2464 Göttlesbrunn, Tel. +43(0)2162/8249
www.pitnauer.com

Kamptal

Restaurant Schwillinsky

„Die Kulinarik des Kamptals ist erdig, karg und deftig. Eine Mischung aus Waldviertel und Weinviertel, mit extrem bodenständigen Gerichten. Aber hier im Süden, am Fluss, da haben wir ein anderes Klima. Wo Wein und Marillen wachsen, da kocht man eine elegantere Küche.“

Karl Schwillinsky

Das Kamptal ist alt. Uralt. Mit einer Milliarde Jahre Erdgeschichte und 30.000 Jahren Menschheitsgeschichte gehört es zu den ältesten Kulturregionen Europas.

Heiß und kalt, mild und rau, eng und weit, Millionen Jahre alte Urkraft und innovative Technik – im Kamptal sind die Gegensätze zu Hause. Scheinbare Widersprüche, die sich hier zu reizvoller Harmonie vereinen.

Das Terroir, oft zitiertes Zauberwort der modernen Weinszene, spielt im Kamptal eine große Rolle.

Das Terroir, oft zitiertes Zauberwort der modernen Weinszene, spielt im Kamptal eine große Rolle, befindet sich mit dem Heiligenstein hier eines der markantesten Lagen-Monumente für sehr eigenständige, charaktervolle Weine. Auf den steilen Terrassen des Heiligensteins gedeihen kraftvolle, mineralische Rieslinge und Grüne Veltliner, die äußerst langlebige Weine hervorbringen und Grundlage sind für die großen Lagen, aber auch die Sorten-Sekte des Kamptals. Die Bezeichnung „Kamptal DAC“ steht für Weine aus Grünem Veltliner oder Riesling, entweder vom klassisch-mittelgewichtigen Typ oder als kraftvoll-trockene Reserve. Namensgeber ist der Fluss Kamp, Hauptort ist Österreichs größte Weinstadt Langenlois – mit 3800 Hektar Rebfläche und zahlreichen international bekannten Spitzenbetrieben ist das Kamptal eines der erfolgreichsten Weinbaugebiete des Landes.

Hier, in Langenlois, prägt er wie kein anderer das kulinarische Leben. Karl Schwillinsky, urgewaltig wie das Kamptal selbst – und trotzdem ein Philosoph: „Die Basis des Kamptals sind seine Winzer, ein wirklich guter Winzer kann ja gutes Essen beurteilen, denn wenn man hochwertige Weine macht, genießt man auch hochwertiges Essen."

Als ihm 2007 bei einem Catering die Liebe in Form von Top-Winzerin Barbara Öhlzelt begegnete, da „wusste ich, ich bin auf dem richtigen Weg". Der Liebe wegen ging der Gastronom mit Leib und Seele aus Plank, dem „Kleinod des Kamptals", nach Langenlois, übernahm hier den alten Kirchenwirt und ist seit 2007 der „Platzhirsch", im besten Sinne des Wortes.

Seine Küche ist geprägt von der Region, die er nicht nur bereichert, sondern neu entdeckt und interpretiert. So wie die herrlichen Büffel- und Ziegenkäse-Spezialitäten von der Hofkäserei Robert Paget, mit dem ihn eine tiefe Freundschaft verbindet: „Robert und ich sind wie ein altes Ehepaar, wenn er in der Früh seinen Käse bringt, mach ich uns Kaffee und dann lösen wir in zehn Minuten die Probleme dieser Welt!"

Als Karl eines Tages von einem Gastaufenthalt im Tantris aus München zurückkehrte, hatte er eine geniale Idee: die Produktion von Verjus, jener alten Delikatesse, die in keiner Küche fehlen sollte. Denn Verjus, der „grüne" Saft aus Trauben, galt im Mittelalter als unentbehrlicher Säureträger, bis die Zitrone Europa eroberte, und war im Kamptal schon als „Agresto" bekannt. Er eignet sich ideal zum Abschmecken, verleiht er doch verschiedensten Gerichten eine fruchtig-elegante Säure und ist vielseitig einsetzbar: Marinaden, Saucen, aber auch Desserts können mit Verjus verfeinert werden.

Und als auch Alwin Jurtschitsch auf die Idee kam, seine überzähligen Bio-Trauben der „Grünlese" als Verjus zu verarbeiten, ging alles Schlag auf Schlag und Barbara Öhlzelt und Karl Schwillinsky produzierten ihren ersten „Kamptal Verjus".

Karl Schwillinsky ist ein kulinarischer Pionier, der behutsam das alte Erbe neu entdeckt.

„Nachdem wir die Garnelen- und Jakobsmuschel-Phase überwunden haben, besinnen wir uns jetzt auf unsere regionalen Wurzeln, den Kamp, der uns vorzeigt, welche Fische wir essen sollen …!"

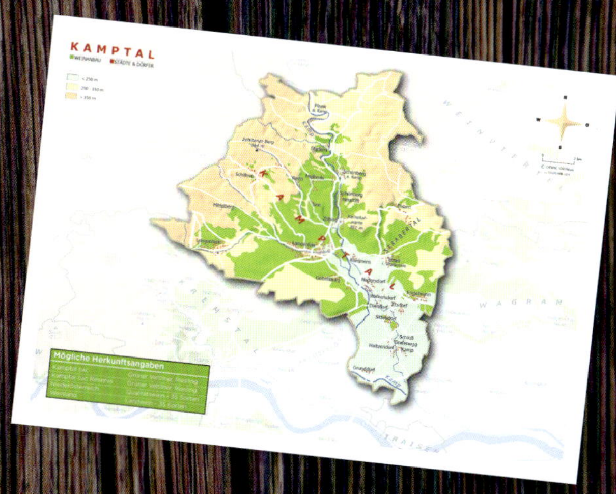

Schwillinsky Restaurant und Catering
Rudolfstraße 1, 3550 Langenlois, Tel. +43(0)2734/323 02
www.schwillinsky.com

Alwin Jurtschitsch

Weingut Jurtschitsch

„Auf der Suche nach den wichtigen Momenten bin ich draufgekommen, ich hab alles zu Hause."
Alwin Jurtschitsch

„Das Besondere an einem Familienunternehmen ist, dass nicht in Jahresumsätzen, sondern in Generationen gedacht wird. Für den Weinbau gilt dies umso mehr, denn die Qualität der Weine unserer Kinder und Enkelkinder wird davon abhängen, wie naturnah wir heute mit unseren Weingärten umgehen", lautet das Credo der Familie Jurtschitsch.

Es ist dies die Geschichte von einem, der auszog, um wieder heimzukehren.

Doch so viel Tradition ist auch Verantwortung. „Ich habe ein uraltes Weingut mit einem 700 Jahre alten Weinkeller übernommen, voller Tradition, auf der man aufbauen kann. Aber die es auch gilt weiterzuentwickeln, weiter in die nächste Generation zu führen. Man darf sich nicht fürchten, eigene Wege zu gehen, viele Dinge zu hinterfragen."

Es ist dies die Geschichte von einem, der auszog, um wieder heimzukehren. Als Alwin Jurtschitsch nach der Matura seine Koffer packte, nach Neuseeland und Australien ging, da wollte er einmal neue Erfahrungen sammeln. Auf einem Bio-Bauernhof in Ecuador kam er zum ersten Mal mit biologischer Landwirtschaft in Berührung, eine Lebenseinstellung, die ihn bis heute nicht mehr losgelassen hat.

Und ihn bewog, nach seinem Studium in Geisenheim doch wieder heimzukehren: „Auf der Suche nach den wichtigen Momenten bin ich draufgekommen, ich hab alles zu Hause."

Am Heiligenstein entdeckte er einen verwilderten Weingarten mit uralten Trockensteinmauern und kleinen Terrassen, den er rekultivierte und wo er die alten Steinmauern mühsam wieder aufbaute: „Die Basis für den Winzer ist die Frage, woher komme ich, von welchem Boden, jeder Winzer muss sein Terroir entdecken."

Der Heiligenstein hat ihm Wurzeln gegeben, so tief wie die Wurzeln seiner Rebstöcke im Millionen Jahre alten Wüstensandstein: „Der Heiligenstein ist auch für uns ein Kraftplatz, ein Reservoir nach einem uralten Naturprinzip."

Diese kleine Parzelle wurde sein Biotop, mit Nützlingsreservat für Fuchs, Hase und Reh, für seltene Pflanzen und Kräuter, und es wurde sein erster Bio-Weingarten. Im Jahr 2006 stellte Alwin die gesamte Weingartenbewirtschaftung auf kontrolliert organisch-biologische Methoden um: „Wir wollen die Vinifizierung nach altem Wissen, nach Erfahrung, Beobachtung und mit Hausverstand machen. In der Bio-Landwirtschaft spüre ich mich viel elementarer, man muss sich mehr mit der Natur auseinandersetzen. Ich kenne meine Weingärten, ich weiß, wann sie mich brauchen."

Er glaubt an die Vielfalt, je mehr Vielfalt, desto stabiler ist das Ökosystem. „Ich glaube an das Wurzelsystem der Pflanzen, an die symbiotische Wirkung zwischen den Pflanzen. Wenn man Knoblauch neben Zwiebeln setzt, dann kriegt der Knoblauch keine Knoblauchfliege, die Zwiebel schützt den Knoblauch!"

Das ist uraltes Bauernwissen, denn Alwin Jurtschitsch ist ein Suchender und ein behutsamer Entdecker: „Als Weinbauer habe ich auch das Bedürfnis, Bauer zu sein. Ich möchte das Obst aus meinen Weingärten ernten, Pfirsiche, Äpfel, Quitten, Birnen und sogar den Weingarten-Knoblauch vom Heiligenstein!"

Im Garten hinterm Weingut baut Alwin Obst und Gemüse an für die Familie, und seinen Hühnern, einem stolzen Sulmtaler Gockel mit vier prächtigen Hennen, hat er einen Luxusstall gebaut. „Das ist für mich die Geschmacksvielfalt des Kamptals, die wir in die Flasche bringen. Unsere Weine sind geprägt vom Terroir, von der Würze, sind keine Power-Weine, sondern pure Eleganz, welche die Speisen behutsam begleiten!"

So ist auch das eigene Frühstücksei schon ein Geschmackserlebnis ...

Weingut Jurtschitsch
Rudolfstraße 39, 3550 Langenlois, Tel. +43(0)2734/2116
www.jurtschitsch.com

Rudi Rabl
Weingut Rabl

„Für mich bietet das Kamptal eine tolle Vielfalt an verschiedenen Ursprüngen, denn der Boden ist der Ursprung von allem. Im Boden entspringt das Wasser, wächst das Gras, das Gemüse und natürlich der Wein …“
Rudi Rabl

„So wie ich die Vielfalt der Aromen im Wein schätze, so will ich auch die Vielfalt der natürlichen Aromen in den Speisen spüren!“ Rudi Rabl schätzt den Genuss, wenn er essen geht, „dann gut!“

Frankreich, das Mekka der Gourmets, hat den Spitzenwinzer und seine Frau kulinarisch inspiriert: „Wir sind jetzt experimenteller in der Küche, probieren einfach verschiedene Geschmacksnuancen aus.“

Wer seine Weinlinie „Vinum Optimum“ nennt, der hat Großes vor.

Einfache, aber raffiniert zubereitete Gerichte wie das „Huhn im Pergament“ können Rudi Rabl faszinieren: „Dieses Rezept ist eine simple Geschichte, ein Huhn brät man ja, ohne auf einen bestimmten Garpunkt achten zu müssen, deshalb kann man es auch im turbulenten Winzerleben schnell einmal zubereiten.“

Das Gemüse kommt aus dem eigenen Hausgarten, der Riesling dazu aus dem eigenen Weingarten …

Über 250 Kochbücher aus allen Regionen dieser Welt hat Familie Rabl schon gesammelt, doch trotz aller lukullischen Experimente greift man immer wieder gerne auf die typische Waldviertler Küche und die regionalen Produkte aus dem Kamptal zurück. „Für mich bietet das Kamptal eine tolle Vielfalt an verschiedenen Ursprüngen, denn der Boden ist der Ursprung von allem. Im Boden entspringt das Wasser, wächst das Gras, das Gemüse und natürlich der Wein …“

Wer seine Weinlinie „Vinum Optimum“ nennt, der hat Großes vor. So wie Rudolf Rabl, als er 1986 in das traditionsreiche, bereits 1750 erstmals urkundlich erwähnte Familien-Weingut eintrat, die damalige Rebfläche in kurzer Zeit beinahe vervierfachte und somit bald zu den „Großen“ im Kamptal zählte. Der Erfolg gab ihm Recht und bereits 1991 erhielt er die ersten Prämierungen.

Mittlerweile schätzen Weinkenner auf der ganzen Welt die „Vinum Optimum“-Linie.

Der schwarze Rabe auf dem Etikett steht sowohl für Einzellagenweine mit individuellem Charakter als auch für fröhliche Einstiegsweine. Ob Weißweine, Rotweine oder Süßweine, ob Grüner Veltliner, Riesling, Traminer oder Zweigelt: Genaueste, detailverliebte Arbeit im Weingarten und im Keller ist die Basis für diese wertvollen Weine aus einigen der besten Lagen rund um Langenlois. „Schenkenbichl“, „Käferberg“, „Steinmassl“ oder auch „Steinhaus“ – alles Urgesteinsrieden – gehören ebenso dazu wie die Lösslagen „Spiegel“ und „Kittmannsberg“.

Dabei sieht Rudolf Rabl auf den ersten Blick gar nicht aus wie der typische Winzer, seine etwas zurückhaltende, aber freundliche Art lässt eher auf einen gewissenhaften Manager schließen. Und er ist in Wirklichkeit ja beides, denn während der Vater sich um die Weingärten kümmert, managt Rudi Rabl den Rest, und der ist keine Kleinigkeit.

So individuell wie seine Weine ist auch der Winzer selbst und daher steht für ihn auch die Eigenständigkeit des Weinstocks im Vordergrund: „Denn der ist von der Anlage her ein Busch und keine Zierpflanze, die man so behandelt und schneidet wie Spalierobst, also muss nicht jeder Weinstock dem andern gleichen wie in einem englischen Garten!“

Wirklich entspannen kann Rudi Rabl bei gutem Essen:

„Wenn ich mit meiner Familie essen gehe, dann ist es für mich schön zu sehen, wie ich meinen Kindern Genuss weitergegeben habe, weil sie nicht Schnitzel mit Pommes bestellen, sondern eben einen schönen Fisch. Auch in Paris haben die Kinder schon ‚escargot‘ gegessen …“

Weingut Rabl

Weraingraben 10, 3550 Langenlois, Tel. +43(0)2734/23 03

www.weingut-rabl.at

Karl Steininger
Weingut Steininger

„Wir sind die Sekt-Damen, die Leidenschaft zum prickelnden Wein wurde uns schon in die Wiege gelegt!“
Eva, Anna und Lisa Steininger

„Man muss sich in den Sekt hineindenken, mit ihm leben …“

Karl Steininger ist eine Klasse für sich, denn in seinen Adern fließt kein normales Blut, sondern prickelnder Rebensaft.

Der Sekt-Pionier lebt nicht nur für, sondern auch mit seinem Sekt. Das richtige Perlen ist ihm persönliche Herausforderung und mittlerweile Lebensaufgabe. Alles im Leben der Winzerfamilie Steininger dreht sich seit Beginn der 90er-Jahre um ein einziges prickelndes Thema: den Schaumwein.

Der Sekt-Pionier lebt nicht nur für, sondern auch mit seinem Sekt.

Er hat von Anfang an seinen eigenen Weg gesucht, „die österreichische Lösung“, wie er gerne selbst sagt. Der Weg dorthin war nicht immer leicht, denn das schäumende Handwerk wollte erst einmal gelernt sein.

Schon kurz nach Übernahme des elterlichen Betriebes, 1985, war Karl Steininger klar, dass nur die konsequente Umstellung auf den Qualitätsweinbau die gewünschten Ergebnisse bringen würde. Doch der Weg zum eigenen Sekt war noch weit.

Es war während eines Urlaubes in der Champagne vor mehr als 20 Jahren, da hat ihn und seine Brigitta die Leidenschaft gepackt. An der Geburtsstätte des Champagners „war uns schnell klar, dass die Herstellung von Schaumwein eine Leidenschaft werden könnte".

1989 wurde der erste eigene Sekt kreiert, der Meilenstein zur eigenen Philosophie, zur Marke war mit unverwechselbarer Handschrift gesetzt. Es sollten nur mehr fruchtbetonte und jahrgangsreine Sekte mit Sortencharakter auf den Markt kommen. Reinsortig sollten seine Sekte sein und von höchster Qualität, die typischen Weine des Kamptals, alle ausschließlich nach der traditionellen Flaschengärmethode hergestellt im eigenen Weinkeller. Dass gleich der erste eigene Sekt aus dem Hause Steininger, der „Riesling Sekt", 1990 niederösterreichischer Landessieger wurde, bestätigte den prickelnden Weg.

„Grüner Veltliner Sekt" und „Riesling Sekt" führen die Erfolgsliste an, gefolgt von Sauvignon-Blanc-, Cabernet-Rosé-, Traminer-, Muskateller-, Burgunder-, Zweigelt-, Pinot-Noir- sowie Rosé-Sekt, mittlerweile mehr als zehn verschiedene Sorten.

Karl Steininger ist auch ein Querdenker und er hatte noch einen Traum: Die weiten, offenen Keller, wie er sie in der Champagne gesehen hatte – so wollte er auch die jahrhundertealten Keller in Langenlois öffnen und begehbar machen. Einen Ort voll Genuss, Mythos und Spannung schaffen.

Und weil große Dinge oft im Kopf entstehen, gründeten die Steiningers mit den Nachbarn die „Weinvisionen Langenlois", und 2001 begann der Bau des Loisiums. Alles andere ist Geschichte: eine unglaubliche Erfolgsgeschichte von Visionen und mutigen Entscheidungen.

Dass Entscheidungen auch durchaus weiblich sein können, beweisen seine vier Damen: Brigitta, der gute Geist im Weingut und eine exzellente Köchin, und die drei Töchter. Anna, die Älteste, hat die Liebe zum Wein zurückgeführt, ihre Cuvée „Leidenschaft prickelnd" wird im Elternhaus versektet. Dass im Hause Steininger ein Burgunder-Sekt hergestellt wird – die Ausnahme der sonst so konsequent gelebten Philosophie von sortenreiner Versektung –, diese burgundischen Akzente setzt Tochter Eva, denn sie bekam den Burgunder-Sekt quasi als Maturageschenk. „Ich habe schon im Kindergarten gewusst, dass ich im Weingut bleiben will!" Und auch Lisa, die jüngste Tochter, studiert gerade Internationales Weinmarketing.

Sekt als edelste Form des Weines wird in der Familie Steininger nicht nur leidenschaftlich gelebt, sondern genussvoll zelebriert. Und so wird gefeiert mit Freunden, prickelnd gekocht oder einfach mal am Abend entspannt bei einem Glas Sekt und gutem Essen, denn:

„Mit dem Tischtuch kommt bei uns auch die Flasche Sekt auf den Tisch …"

Weingut Steininger
Walterstraße 2, 3550 Langenlois, Tel. +43(0)2734/2372
www.weingut-steininger.at

Hans Topf
Weingut Johann Topf

„Ich bin ein ‚Terroirist', große Weine sind Persönlichkeiten, das kommt vom Terroir. Es ist meine Leidenschaft, zu zeigen, dass jede Lage ihre eigene Spannung hat, und jeder Wein von dieser Lage hat seinen eigenen Charakter."
Hans Topf

Nur ein Winzer, der wirklich eine große Liebe zur Natur hat, kann auch große Weine machen, so wie Hans Topf. „Früher haben die Menschen auch keine geologischen Karten gehabt, aber sie wussten ganz genau, welche Weine in welchen Lagen gut gedeihen, das war die jahrzehntelange Erfahrung." Behutsam und voll Respekt vinifiziert Hans Topf jede seiner Lagen einzeln, immer darauf bedacht, die Eigenart der Lage zu bewahren, ihren Charakter in die Flasche zu bringen: „Es ist meine Leidenschaft, zu zeigen, dass jede Lage ihre eigene Spannung hat, und jeder Wein von dieser Lage eine eigene Persönlichkeit ist!"

Alles, was man mit Leidenschaft macht, zieht den Erfolg an.

Vom lichtdurchfluteten Verkostungsraum sieht man auf den „Gaisberg", den Mineralischen, der erhaben über „Grub" und „Lamm" thront, und auf den „Offenberg", eine Lage mit enormer Sonneneinstrahlung, welche die gewonnene Wärme im Boden speichert und langsam wieder an die Reben abgibt.

Wer jemals den „Grünen Veltliner Offenberg Erste Lage Kamptal DAC Reserve", diese spannende Verbindung von alten Rebstöcken mit ausgeprägtem Terroir, und den „Grünen Veltliner Gaisberg Erste Lage Kamptal DAC Reserve", von äußerst mineralischem Boden, nebeneinander verkostet hat, der beginnt das Geheimnis „Terroir" zu begreifen.

Da, vom „Offenberg", fruchtbetonte Grandezza, dort, vom „Gaisberg", unendliche Mineralität, monumental und doch so elegant …

Vom „Heiligenstein" kommen seine fruchtig-rassigen Rieslinge, und der „Wechselberg Spiegel" ist ohnehin die Lieblingslage des Hausherrn.

Hans Topf ist in seine Berufung hineingewachsen. Seit 1982 ist er im elterlichen Betrieb in Straß tätig, Johann Topf III., in einem Traditionsbetrieb, der seit 1751 in Familienbesitz ist.

Hat ausgebaut und kontinuierlich erweitert. 1999 wurde der Betrieb weiter vergrößert mit den besten Lagen und dem alten 500-jährigen Gutshof-Keller in Straß. In diesem historischen Kellergewölbe, in dem bereits urkundlich erwähnt seit 1637 Weine gekeltert wurden, reifen heute die preisgekrönten Weine des Weingutes Topf. Bis heute halten die Generationen alte Weinbautraditionen aufrecht, mit seinen Söhnen Hans-Peter, Maximilian, Alexander und Julius wächst schon die neue Winzergeneration heran. „Alles, was man mit Leidenschaft macht, zieht den Erfolg an", sagt Hans.

Seit einigen Jahren ist Hans Topf leidenschaftlicher Jäger, was auch der Beginn einer veritablen Kochleidenschaft war und den Jäger seither direkt vom Wald in die Küche führt: „Ich schieße nur Wild, das ich auch selbst verarbeite und zubereite!"

Auch die Söhne kochen schon mit großer Begeisterung. „Begonnen hat es damit, dass Hans-Peter, Maximilian und ich zu Weihnachten für die ganze Familie kochen. Und seit ich die Jagd habe, steht das Menü natürlich ganz im Zeichen von Wild."

Da geht es schon am Vormittag los mit der Vorbereitung des Fünf-Gänge-Menüs. Schweinsbraten von der Wildsau, Rehrücken, Wildentenbrust oder Hirschsteak von der eigenen Jagd, mit Gemüse und Kräutern aus dem eigenen Garten und dazu ein Glas Wein von den eigenen Lagen.

„Da sitzt dann die ganze Familie am Tisch, man tauscht sich aus und verbringt gemeinsam schöne Stunden. Das ist die Leidenschaft, die uns verbindet."

Weingut Johann Topf
Talstraße 162, 3491 Straß, Tel. +43(0)2735/2491
www.weingut-topf.at

Kremstal

Restaurant und Weingut Stift Göttweig

„Das Kremstal schmeckt wie seine Weine – duftig, würzig, mineralisch und elegant …“

Fritz Miesbauer, Weingut Stift Göttweig

Die Benediktinermönche wussten, wo sie sich niederließen: Der Ausblick von Stift Göttweig in eine unendliche Weite ist beschaulich – die laute Welt rückt in die Ferne …

Am östlichen Rand der Wachau liegt das Benediktinerstift Göttweig, am Südufer der Donau, gegenüber der Stadt Krems.

Der Ausblick von Stift Göttweig in eine unendliche Weite ist beschaulich – die laute Welt rückt in die Ferne.

Die geschützte Lage zum nordisch kühlen Waldviertel, die fruchtbaren Hänge zum Donautal hin und der breite, ruhig fließende Strom selbst: Nicht nur den Menschen gefällt es seit jeher im Kremstal, auch der Wein fühlt sich hier wohl. Die Weinkultur, die Esskultur und die Baukultur vereinen sich im Kremstal zu einem harmonischen Gesamtkulturgut.

Einer der ältesten Weinbaubetriebe Österreichs ist das Weingut Stift Göttweig, bis zum Jahr 1083 lassen sich die historischen Wurzeln zurückverfolgen, schon in der Gründungsurkunde des Stiftes scheinen Weingärten auf. Seit damals bilden Forstwirtschaft und Weinbau die wirtschaftliche Basis, hier wurde die Entwicklung des Weinbaus für die Region entscheidend geprägt. Die strengen Richtlinien, nach denen schon damals Weinbau betrieben wurde, haben dazu beigetragen, die Qualität der Weingärten des Stiftes Göttweig bis heute zu bewahren.

Der Boden am Göttweiger Berg ist vielfältig. Er reicht von Lehm und Löss über Hollenburger Konglomerat und kalkhältigen Tegel bis zu Urgesteinsböden aus Verwitterungsschiefer.

Grüner Veltliner, Riesling, Chardonnay und Pinot Noir gedeihen hier in den wichtigsten Lagen „Gottschelle", „Silberbichl" und „Göttweiger Berg".

Die beste Lage am Göttweiger Berg ist die „Gottschelle" mit ihren mächtigen Lössformationen. Als Mitglied der österreichischen Traditionsweingüter darf Stift Göttweig die Weine von der „Gottschelle" wegen ihrer herausragenden Eigenschaften als Erste Lage ausweisen.

2006 engagierte man ein junges und hoch motiviertes Team mit dem Önologen Fritz Miesbauer als Geschäftsführer, um den von Gott geschenkten Spitzenlagen himmlische Qualität zu entlocken.

Fritz Miesbauer, einer der profundesten Winemaker Österreichs, führte ja schon in den 90er-Jahren die „Freien Weingärtner Wachau" an die internationale Spitze.

Das Weingut Stift Göttweig hat eine uralte Weinbautradition, auf diesem Fundament aufzubauen, behutsam Tradition mit moderner Technologie zu verbinden und im Einklang mit der Natur zu arbeiten, das ist eine große Herausforderung.

Fritz Miesbauer will unverwechselbare Weine mit großem Charakter hervorbringen, fruchtig-trockene Weißweine von den einzigartigen Lagen, und so dem Göttweiger Wein wieder den Stellenwert verschaffen, den er bereits vor Jahrhunderten innehatte.

Der Wein von Stift Göttweig soll Weinliebhaber, die Weine mit Charakter schätzen, ansprechen. Menschen, die es mögen, wenn Weine sich verändern und dabei auch Ecken und Kanten zeigen. Genießer, die eine gute Flasche Wein gerne auch ein paar Jahre liegen lassen. Menschen, die Freude am Genuss empfinden und Spaß am Leben haben.

Auch in der Küche bleibt das Stift Göttweig seinen Wurzeln treu, das Stiftsrestaurant bietet Genuss mit Aussicht, ob Wild aus den eigenen Revieren, Fisch aus den Gewässern des Waldviertels, das traditionelle Osterlamm mit Kräuterkruste oder die berühmten „Göttweiger Marillen-Brez'n". Denn das traditionelle Fastengebäck des Benediktinerordens erlebt hier eine Renaissance, die Form der Breze symbolisiert die gekreuzten Arme beim Beten, die Zutaten dafür stammen natürlich aus der Region Wachau.

Und zu dieser schmackhaften Verbindung von Marille und feinem Teig passt natürlich hervorragend der „Riesling Silberbichl" vom Göttweiger Berg …

Weingut Stift Göttweig
Göttweig 1, 3511 Furth, Tel. +43(0)2732/801 440
www.weingutstiftgoettweig.at

Michael Malat
Weingut Malat

„Genuss bedeutet für mich, Zeit für die schönen Dinge im Leben zu haben. Das beschränkt sich nicht nur auf Essen und Trinken …"
Michael Malat

„Du musst dich ständig weiterentwickeln, nicht Evolution durch Revolution, sondern gewisse Werte und Erfahrungen weitertragen, aber auch weiterentwickeln …"

Michael Malat musste in große Fußstapfen treten, als er 2008 das Weingut Malat übernahm, schließlich zählt sein Vater Gerald zu den bekanntesten Winzerpersönlichkeiten Österreichs, hat mit seinem Weingut seit 1974 die Entwicklung des österreichischen Weines entscheidend mitgeprägt und wichtige Impulse für die Entwicklung der Region Kremstal gesetzt.

Ich koche nie nach Rezept, sondern nach Gefühl und meinem Empfinden.

„Es war für meinen Vater auch schwierig loszulassen, denn er ist eine wahnsinnig starke Persönlichkeit. Aber ich habe meinen eigenen Weg gefunden und durchgezogen!"

Michi Malat bringt heute im Weingut seine internationalen Erfahrungen erfolgreich ein, Erfahrungen auf bedeutenden Weingütern in Frankreich, Kalifornien, Argentinien und Neuseeland, aber auch in Wien am „Himmel".

Erfahrungen, die nicht nur seinen Horizont erweitert haben, sondern den Boku-Absolventen auch zu einem erfolgreichen Manager werden ließen. „Jeder glaubt, Winzer zu sein ist ein romantischer Beruf, aber heute ist man in vielen Bereichen gefordert. Du musst das Gespür haben für den Weingarten, die Vinifizierung, aber auch für Mitarbeiter, Marketing und Vertrieb!"

Nahe der tausendjährigen Weinbaustadt Krems, zwischen dem südlichen Donauufer und dem Göttweiger Berg, in Palt, liegt das Weingut Malat, eines der traditionsreichsten Weingüter Österreichs. Hier, auf Urgestein, Lößschotter und Lehm, begünstigt durch das besondere Kleinklima, gedeihen große Weine, weiße wie rote. Die hervorragenden Lagen werden ausschließlich von Hand bewirtschaftet, die Palette reicht vom duftigen Grünen Veltliner, Chardonnay, Riesling, Weißburgunder, Sauvignon Blanc und Gelben Muskateller bis zum meditativen Grauburgunder, vom St. Laurent bis zum Cabernet Sauvignon, der seit den Pioniertagen zu den beliebtesten Rotweinen des Hauses zählt. Bezeichnungen wie „Das Beste vom Veltliner" und „Das Beste vom Riesling" sind durchaus ernst zu nehmen.

Die große Liebe des Winzers allerdings gilt dem Pinot Noir. Nahe dem Göttweiger Berg liegt die „Rotweininsel", bestockt mit Pinot Noir, Cabernet Sauvignon, St. Laurent und Merlot, und hier gelingen immer wieder große Rotweine von internationalem Format.

Auch als Sekt-Pionier wurde das Weingut Malat berühmt, werden hier doch schon seit 1976 Österreichs erste Winzersekte, „Malat Brut" und „Malat Brut Rosé", nach der traditionellen Methode erzeugt.

Tradition mit Genuss leben heißt das Motto der Familie, als lustvolle Kombination auch erlebbar im Malat Hotel, einem inspirierenden Ort für vielseitige Menschen.

Und vielseitig, ein Genussmensch ist ja auch der Winzer selbst: „Ich koche nie nach Rezept, sondern nach Gefühl und meinem Empfinden. Du musst eine Vorstellung haben, wie das Endprodukt sein soll, und ein Gefühl haben für dein Ausgangsprodukt. Das Spannende ist, dass ich vorher nicht weiß, wie es wird, denn ich koche nie ein Gericht in derselben Art."

Fisch kocht Michi Malat besonders gern. „Der Wels ist der typische Fisch aus der Donau!", sein „Donau-Waller mit Weingarten-Pfirsichen und Marillen-Röster" ist bei Freunden wie Familie gleich beliebt.

„Ich weiß nicht, wie mein Gericht wird, aber ich weiß von Anfang an, welchen Wein ich dazu trinken möchte!"

Einen Riesling natürlich …

Weingut Malat und Hotel
Hafnerstraße 12, 3511 Palt, Tel. +43(0)2732/82934
www.malat.at

Weinkellerei Lenz Moser

„Die Wahrheit im Wein ist die Liebe des Winzers zur Natur, zur Pflege der Reben, zur Sorgfalt in der Kelterung, zur Ehrlichkeit im Keller und zur Echtheit des Produktes."
Lenz Moser III.

Der Name Lenz Moser ist untrennbar mit Österreichs Weinbau verbunden. Der heutige Gutskeller von Lenz Moser in Rohrendorf bei Krems, dessen erste urkundliche Erwähnung ins Jahr 1040 zurückreicht, gilt als Ausgangspunkt wichtiger Impulse zur Pflege österreichischer Weinkultur. So wurde hier durch Prof. Dr. Lenz Moser III. die „Lenz Moser Hochkultur" begründet, die den Weinbau in den 1950er-Jahren revolutionierte. Diese und weitere Pioniertaten machten das Haus Lenz Moser zu dem, was es heute ist: einer der Marktführer am österreichischen Markt mit Qualitätsweinen aus Österreich.

Die Weinkellerei Lenz Moser arbeitet ausschließlich mit Weinbauern und Winzergenossenschaften in den Weinbaugebieten Niederösterreich und Burgenland zusammen. Das stellt sicher, dass jeder Lenz-Moser-Wein nur aus österreichischen Rieden stammt, die Winzer sind langjährige Partner und profitieren von der Betreuung durch erfahrene Önologen.

Unter dem Motto „Dem Wein das Seine lassen" verbindet sich jahrhunderte-alte Weinkultur mit modernster Technik.

Unter dem Motto „Dem Wein das Seine lassen“ verbindet sich jahrhundertealte Weinkultur mit modernster Technik und umfassendem Know-how. Der ökologische Zugang im Weingarten setzt sich in der Kellerei und Flaschenfüllung fort. Ziel aller Bemühungen von Kellereileiter Ing. Ernest Großauer und seinem knapp zehn Mann zählenden Team von Önologen ist es, dass das Maximum jenes Schatzes in die Flasche kommt, den jede Traube in sich birgt. In der modernen Kellerei reifen die Rotweine in Edelstahlfässern sowie in traditionellen großen Holzfässern oder in Barriques heran. Die Weißweine dagegen bewahren durch die Lagerung in gekühlten Edelstahlfässern ein Maximum an Frische und Fruchtigkeit. Die Konzentration auf schonende und rationelle Verarbeitungsprozesse verfolgt stets ein Ziel: die Produktion hochwertiger Qualitätsweine. Wie gut dieses Ziel erreicht wird, beweist eine lange Liste von Auszeichnungen und Prämierungen für Lenz-Moser-Weine bei nationalen und internationalen Wettbewerben und Verkostungen.

Um diese Qualität auch in den nächsten Jahrzehnten zu garantieren, werden eine Vielzahl an Verbesserungen und Innovationen in der Weinkellerei Lenz umgesetzt, wie zuletzt die Investition in eine moderne Abfüllanlage samt Filtration. Um die Wiedererkennung aller Weinserien zu ermöglichen, erhielten die Flaschen ein einzigartiges Lenz-Moser-Relief.

Neben dem Stammsitz in Rohrendorf bei Krems bewirtschaftet die Weinkellerei Lenz Moser das Schlossweingut des Souveränen Malteser Ritterordens in Mailberg im Weinviertel und den Klosterkeller Siegendorf im Burgenland.

Im Schlossweingut des Souveränen Malteser Ritterordens finden Cabernet Sauvignon, Cabernet Franc, Merlot und Weißburgunder ideale Bedingungen vor. Das önologische Ziel ist es, in diesem für österreichische Verhältnisse einzigartigen Weingarten Weine zu keltern, die sich durch Finesse, Eleganz und Bekömmlichkeit auszeichnen. Die Siegendorf-Rotweine begeistern mit einer wunderschönen Beerenfrucht sowie seidigem Tannin und zeigen eine unglaubliche Komplexität.

Lenz-Moser-Weine spiegeln den Charakter jener Regionen wider, in denen sie angebaut und kultiviert wurden. Flasche für Flasche offenbaren die nuancenreichen Aromen der vollreifen Trauben ihre frische Frucht und den sortentypischen Geschmack.

Als Speisenbegleiter zur österreichischen Küche, zu Fisch wie zu traditionellen Gerichten von Rind-, Kalb- und Schweinfleisch bis zu Wild, sind diese Weine ebenso willkommen wie in geselliger Runde, wo man gepflegten und bekömmlichen Genuss zu schätzen weiß.

Weinkellerei Lenz Moser

Lenz-Moser-Straße 1, 3495 Rohrendorf bei Krems

Tel. +43(0)2732/85541

www.lenzmoser.at

Thermenregion
Klostergasthaus, Freigut Thallern

„Nicht umsonst nennt man die Thermenregion die kleine Burgund, denn Kleinklima und Bodenbeschaffenheit sind der Burgund sehr ähnlich. Wenn man die Weinstraße von Gumpoldskirchen nach Pfaffstätten fährt, dann erstrecken sich die Weingärten malerisch eingebettet zwischen Anninger und Eichkogel und erinnern an die Burgund …"
Florian Fritz, Gastgeber

Die Betonung der traditionsreichen Regionalküche ist uns wichtig.

Das südlichste Weinbaugebiet Niederösterreichs besticht nicht nur durch große Vielfalt und Tradition, sondern auch durch ein üppiges, beinahe urbanes Lebensgefühl.

Schon vor mehr als 2000 Jahren wurden hier, an den Ausläufern des Wienerwalds, vom Stadtrand Wiens entlang der Hügelkette des Anningers bis südlich von Baden, Weinreben kultiviert. Römische Legionäre brachten Weinstöcke und Kenntnisse über die Weinerzeugung nach Pannonien.

Im Süden dominiert der Rotwein mit den Sorten Sankt Laurent und Pinot Noir, Hausrecht aber haben die gebietstypischen, autochthonen weißen Rebsorten Zierfandler – auch Spätrot genannt – und Rotgipfler.

Sie sind die Spezialität der Thermenregion, weiß Florian Fritz, Geschäftsführer und Gastgeber im Klostergasthaus Thallern: „Rotgipfler und Zierfandler sind hervorragende Speisenbegleiter, von trocken ausgebaut bis hin zum Süßwein, weil sie den Charakter der Region widerspiegeln."

Hier steht das Stiftsweingut Heiligenkreuz – Freigut Thallern, eines der ältesten und traditionsreichsten Weingüter Österreichs, erbaut im Stile des heute weltbekannten Clos de Vougeot in der Burgund.

Im Oktober 1141 ging das damalige Winzerdorf Thallern durch Schenkung an das Stift Heiligenkreuz und wird seitdem ohne Unterbrechung bewirtschaftet. In der 1516 errichteten historischen Kapelle befindet sich das weltberühmte Giuliani-Kreuz, eine von Giovanni Giuliani gestaltete Christusstatue, umgeben von Weinranken.

Das Freigut Thallern ist ein echtes Vorzeigeprojekt für die Thermenregion, rund 30 Hektar Rebfläche werden bewirtschaftet, zu denen einige der besten Rieden des Gebietes wie „Wieg", „Ronald" oder „Student" zählen.

Die Revitalisierung des Weinguts Heiligenkreuz – Freigut Thallern und die optimale Nutzung des Terroir-Potenzials ist eine überaus reizvolle Aufgabe, der sich drei erfahrene und vielfach ausgezeichnete Winzer angenommen haben: Karl Alphart, Leopold Aumann und Erich Polz. So entstehen Weine, die den Reiz des Gumpoldskirchner Terroirs in einer Stilistik für anspruchsvolle Genießer präsentieren. Auch die Gebietsvinothek mit mehr als 40 Weingütern der Thermenregion und ausgewählter kulinarischer Vielfalt lädt zum Verkosten ein.

Das behutsam renovierte Klostergasthaus, einstmals berühmte Backhendlstation und Ausflugsziel der Wiener, bietet traditionelles Ambiente mit gemütlichen Stuben, und im herrlich schattigen Gastgarten entspannen durstige Wanderer neben hungrigen Genießern. Das Konzept von Gastgeber Florian Fritz ist so einfach wie genial: „Die Betonung der traditionsreichen Regionalküche ist uns wichtig, ebenso wie die hervorragende Qualität des Speisenangebotes. Bei uns fühlen sich alle Gästeschichten wohl, an der holzvertäfelten Budel finden sich sowohl Krawattenträger als auch Wanderer ein …"

Hier kehrt der Wanderer auf eine zünftige „Jausn" ein, aber auch der anspruchsvolle Gast, der zum gepflegten Abendessen mit hochklassiger Weinbegleitung kommt. Das Klostergasthaus Thallern hat sich zu einem Anziehungspunkt für entspannte Genusskultur entwickelt und präsentiert seinen Gästen feine Köstlichkeiten aus der Region. Geschmorte Hirschkalbschulter mit Steinpilzen vom Anninger und der herrlich cremigen Rotgipfler-Polenta mit Mais von den stiftseigenen Feldern sind schon eine Reise wert.

Die Johanneskapelle bildet in Verbindung mit dem Gasthaus einen feierlichen Rahmen für Hochzeiten und Taufen.

Und wer genug gefeiert hat, kann sein Haupt im Weingartenhotel, im ehemaligen Grangienhaus aus dem 12. Jahrhundert, zur Ruhe betten. Für alle, die den individuellen Genuss erleben wollen …

Klostergasthaus Thallern
2352 Gumpoldskirchen, Tel. +43(0)2236/53326
www.klostergasthaus-thallern.at

Die Burgundermacher

„Wenn es um St. Laurent und Pinot Noir geht, dann führt kein Weg an den Burgundermachern vorbei ...“
Die Burgundermacher

Die Burgundermacher – acht Top-Winzer mit einer Leidenschaft. Der Name ist Programm und Botschaft zugleich, denn die Burgundermacher, acht innovative Winzer aus dem Steinfeld in der Thermenregion, aus Tattendorf, Teesdorf und Oberwaltersdorf, haben sich dem Burgunder verschrieben. Seit 2003 gilt ihre Leidenschaft der Burgundersorte Pinot Noir und der österreichischen Antwort auf Burgunder, dem St. Laurent.

Der Pinot ist die Diva des Rotweines.

Im „Steinfeld“, auf demselben Breitengrad liegend und durch eine ähnliche Bodenstruktur gekennzeichnet wie die Burgund, haben Pinot Noir, St. Laurent, aber auch Chardonnay und Weißburgunder eine lange Geschichte, erzählt Heinrich Hartl III. „Historisch gesehen, hat der Burgunder in dieser Region eine lange Tradition, denn der Pinot kam schon im Mittelalter durch die Zisterzienser in die Thermenregion.“

Hier finden die engagierten Winzer Leopold Auer, Johann Gisperg, Heinrich Hartl, Andreas Heggenberger, Franz Landauer-Gisperg, Alfred Reinisch, Georg Schneider wie auch Günther Dopler beste Bedingungen für ihre Rotweine: „Das pannonische Klima sorgt für heiße Tage und kühle Nächte, und die kargen, steinigen Kalkschotterböden sind das ideale Terroir für unsere Burgunder!"

Der Pinot Noir liebt die kalkreichen Böden des Steinfelds und „Die Burgundermacher" lieben ihren Pinot. Denn er ist die große Herausforderung für jeden Winzer, braucht viel Zuwendung und Aufmerksamkeit, gilt er doch als anspruchsvoll und kapriziös, wie auch Georg Schneider aus eigener Erfahrung weiß: „Der Pinot ist die Diva des Rotweines, filigran, von der Farbgebung heller, nicht so dunkelrot wie andere Rotweine. Er ist elegant und finessenreich, mit einem Duft nach Himbeere und Erdbeere, manchmal auch floral nach Rose …"

Jeder Burgunder spiegelt die Persönlichkeit des Winzers wider, aber auch das Terroir: „Pinot Noir und St. Laurent sind sehr empfindliche Traubensorten. Wenn man sie allerdings auf so kargen Böden pflanzt wie hier bei uns, dann sind die Beeren etwas kleiner und robuster. Vor allem durch die Trockenheit bleiben die Beeren gesund, und wir können sie bis zur optimalen Reife hängen lassen. Das wirkt sich sehr gut auf die Frucht aus, denn die Burgundersorten leben ja von der Frucht und der Finesse."

Begeisterung, Lebensfreude und Genuss wollen die acht Winzer aus dem Steinfeld mit ihren Weinen vermitteln. Mit großer Hingabe machen die Burgundermacher auf die Einzigartigkeit ihrer Weine aufmerksam, erzählt Heinrich Hartl: „Wir tragen die Botschaft des Pinot Noir und des St. Laurent nach draußen. Diese Sorten tragen die Handschrift des einzelnen Winzers und es ist für den Konsumenten sehr spannend, die Ausprägungen der Sorten nebeneinander vergleichen zu können!"

Jeder der acht Winzer keltert Rotweine auf höchstem Niveau mit eigenständigem Profil, man schmeckt und genießt diesen individuellen Zugang. Neben den Weinen der einzelnen Winzer gibt es auch Gemeinschaftsprodukte der Burgundermacher: „Der Pinot Noir", „Der St. Laurent", „Der Junge" und „Der Sekt". In einer strengen, verdeckten Verkostung entscheiden die acht Burgundermacher gemeinsam, welche Weine in die Gemeinschafts-Cuvée kommen. Das Ergebnis sind fein strukturierte, langlebige Weine, die ihre unverkennbare Herkunft widerspiegeln und auch wunderbare Speisebegleiter sind:

„Wenn wir kochen, brauchen wir drei Flaschen, eine für den Koch, eine für das Gericht und eine als Speisebegleitung!" Frei nach dem Motto der Burgundermacher: „Das Leben ist ein Fest. Lasst es uns gemeinsam feiern …"

Die Burgundermacher
Badnerstraße 3, 2523 Tattendorf, Tel. +43(0)2253/81 020
www.dieburgundermacher.at

Johannes Gebeshuber
Weingut Spaetrot Gebeshuber

„Die Basis des Gumpoldskirchners ist die Einzigartigkeit des Zusammenspiels von Boden, Klima und Sorten. Gerade Zierfandler und Rotgipfler sind perfekte Speisenbegleiter, weil sie von der Aromatik nicht zu laut und vordergründig sind und daher immer eine schöne Harmonie von Wein und Speisen entsteht!"
Johannes Gebeshuber

Gumpoldskirchen ist der vielleicht berühmteste Weinort Österreichs. Hier, direkt an der klimatisch begünstigten Thermenlinie liegt das Weingut Spaetrot von Johannes Gebeshuber.

Seit Jahrhunderten heißt der Zierfandler in Gumpoldskirchen Spätrot – benannt nach der rötlichen Farbe seiner Beeren bei Vollreife. Und nicht ohne Grund trägt das Weingut von Johannes Gebeshuber denselben Namen Spaetrot, hat sich der Winzer doch auf die beiden traditionsreichen Weinsorten Zierfandler und Rotgipfler spezialisiert. „Wir sind das einzige Weingut weltweit, das beim Weißwein ausschließlich Zierfandler und Rotgipfler ausbaut. Ich bin aus tiefster Seele von diesen Sorten überzeugt, weil die Weine das Potenzial zur Weltklasse haben."

Wir sind das einzige Weingut weltweit, das beim Weißwein ausschließlich Zierfandler und Rotgipfler ausbaut.

Weil in den goldenen 1970er-Jahren die Gumpoldskirchner eher auf Ertrag bedacht waren, machte sich Johannes Gebeshuber schon vor zehn Jahren zusammen mit anderen visionären Kollegen auf die Suche nach den alten Klonen des Zierfandlers, ein Weg zurück zu den regionalen Wurzeln. In alten Weingärten wurden die Pioniere fündig, und der Erfolg gibt ihnen recht: „Die alten Klone haben die Möglichkeit, die Typizität der Region herauszuarbeiten. Die Weine sind aromatischer, dichter und mineralischer. Das kommt vom Muschelkalk, Gumpoldskirchen liegt ja in der Brandungszone des Urmeeres …“

Heute ist das Weingut Spaetrot weltweit anerkannt und ausgezeichnet für seine hervorragenden regionstypischen Weine.

„Das Besondere am Zierfandler ist, dass er einerseits eine der am schwierigsten zu kultivierenden Rebsorten ist. Die Beeren färben sich rötlich, wenn die Reife eintritt, und das ist sehr spät im Jahr, daher im Volksmund Spätrot. Andererseits ist er relativ anfällig für Schädlinge und Krankheiten, man muss perfekt arbeiten im Weingarten, damit man ihn zu schöner Reife bringt. Zierfandler bringt extrem charaktervolle und vielschichtige Weine hervor.“

Schon seit dem Mittelalter war Gumpoldskirchen weit über die Grenzen des Landes hinaus berühmt für seine unvergleichlichen Weine. Und weil der „Gumpoldskirchner“ vor allem bei den Wienern so beliebt war, ließ sich 1905 die Gemeinde Wien unter Bürgermeister Karl Lueger in Gumpoldskirchen eigens einen großen Weinkeller errichten, den „Luegerkeller“. In diesem einzigartigen Kulturdenkmal ist heute das Weingut Spaetrot Gebeshuber beheimatet.

Der Luegerkeller bietet nicht nur erstklassige Bedingungen für das Keltern von Wein, sondern mit seinem kirchenähnlichen Gewölbe auch einen wunderschönen Rahmen für Präsentationen und Festlichkeiten rund um den Wein.

Hier reifen große Weine von Format, die das einzigartige Gumpoldskirchner Terroir voll zum Ausdruck bringen. Vielschichtig, finessenreich und elegant, gleichzeitig aber auch sehr trinkfreudig, denn – so die Überzeugung des engagierten Winzers – Wein muss Spaß machen. Einzigartige, unverwechselbare Weine, die „kostbare“ Geschichten von Gumpoldskirchen erzählen …

Die Weißweine sind Cuvées der Sorten Rotgipfler und Zierfandler, jeweils als Klassik, Reserve und Große Reserve, die Rotweine aus den Rebsorten St. Laurent und Pinot Noir, die in der Thermenregion schon lange besonders gut gedeihen und die durch ihre intensiven Beerenaromen und ihr dichtes, samtiges Tannin bestechen.

Wahrer Genuss ist für Johannes Gebeshuber: „Eine gute vegetarische Speise, mit Trüffeln vom Anninger, dem Hausberg, und einem Glas Zierfandler.“

Weingut Spaetrot Gebeshuber

Jubiläumsstraße 43, 2352 Gumpoldskirchen, Tel. +43(0)2252/611 64

www.spaetrot.com

Wachau

Hofmeisterei Hirtzberger

„Die Küche der Wachau ist eher leichtfüßig, es wird viel Fisch und Wild gegessen. Die Wachau ist sehr patriotisch, die Wachauer essen gerne Wachauer Produkte. Die Wachauer Marille ist so ein kulinarisches Wahrzeichen …“

Hartmuth Rameder, Gastgeber

Mit einer jungen, haubengekrönten Mannschaft hat der traditionelle Gastronomiebetrieb als „Hofmeisterei Hirtzberger“ wieder seine Pforten geöffnet.

Die Wachau – Weltkulturerbe und Wohlfühllandschaft – ist das wohl bekannteste Weinbaugebiet an der Donau zwischen Melk und Krems: Auf den steilen, sonnenverwöhnten Terrassen gedeihen beste Trauben von internationaler Qualität. Auf so bekannten Rieden wie dem „Tausendeimerberg“ bei Spitz, dem „Singerriedl“ oder den Rieden „Klaus“ und „Achleiten“ in Weißenkirchen, auf Steinmauern, vor Jahrhunderten angelegt, da wachsen einige der größten Weißweine der Welt mit jahrzehntelangem Entwicklungspotenzial.

Weltberühmt sind die Wachauer Rieslinge, und der Grüne Veltliner, auch der Chardonnay und der Gelbe Muskateller, erreichen beachtliche Qualitäten.

Durch den Gebietsschutzverband „Vinea Wachau“ werden die trockenen Weißweine der Wachau in drei Kategorien eingeteilt: „Steinfeder“, die duftigen Leichtweine, „Federspiel“, die Klassiker, und „Smaragd“, die kraftvollen Reserveweine.

Doch so berühmt wie die Weine, so berühmt ist auch die Spitzengastronomie in der Wachau, die vor einiger Zeit um ein neues prominentes Aushängeschild bereichert wurde: die „Hofmeisterei Hirtzberger“ – ermöglicht durch das Engagement der Winzerfamilie Hirtzberger, die den ehemaligen Florianihof in Wösendorf gekauft hat. Der neue Name erinnert an die Wurzeln des Hauses, das als „Weingartenhofmeisterei des Stiftes St. Florian“ im 14. Jahrhundert errichtet wurde.

Der Name Hirtzberger steht nicht nur für außergewöhnliche Wachauer Weine, Senior Franz Hirtzberger ist so etwas wie eine Winzer-Ikone und einer der berühmtesten Weinmacher der Wachau. Es braucht schon Mut und Visionen, um ein gastronomisches Großprojekt dieser Dimension umzusetzen, doch Franz Hirtzberger, 25 Jahre lang Obmann des Gebietsschutzverbandes „Vinea Wachau Districtus", hat beides.

Seit fünf Generationen betreibt die Familie Hirtzberger Weinbau auf einem aus dem 13. Jahrhundert stammenden Hof, einem der ältesten der Wachau. Während Franz jun. immer mehr Aufgaben im Spitzer Stammhaus übernimmt, baut sein Bruder Mathias rund um die Hofmeisterei in Wösendorf ein neues Weingut auf. „Dort liegt seit dem 16. Jahrhundert der Ursprung unserer Familie, erst 1896 übersiedelten unsere Vorfahren nach Spitz." Mit einer jungen, haubengekrönten Mannschaft hat der traditionelle Gastronomiebetrieb als „Hofmeisterei Hirtzberger" wieder seine Pforten geöffnet. Die Winzer-Dynastie Hirtzberger holte sich dafür zwei gastronomische Routiniers ins Boot. Küchenchef Erwin Windhaber und Restaurantleiter Hartmuth Rameder haben lange Zeit im Restaurant Nigl in Senftenberg, im Steirereck in Wien und im Kloster Und eine tolle Performance hingelegt. „Über die Kooperation mit Mathias Hirtzberger freuen wir uns besonders", so Hartmuth Rameder, „sein Weingut und unser Gasthaus-Konzept in so einem historisch gewachsenen Kontext aufbauen zu können, ist ein echter Glücksfall." Das kulinarische Konzept ist so einfach wie genial: Aufgetischt wird feine, regionale Landgasthaus-Küche, dazu ein vielfältiges Weinangebot mit Weinen aus der Wachau, die Speisekarte ist vorsichtig traditionell ausgelegt: „Klassisch altösterreichische Küche, neu und individuell interpretiert!"

Dass die beiden waschechte Wachauer sind, garantiert auch den regionalen Bezug: „Wir kennen alle unsere Produzenten, weil wir hier aufgewachsen sind, die Produzenten sind Freunde, die kommen auch essen zu uns! Daher gibt es auch keinen Campari oder Sherry auf der Karte, dafür aber den Schlehenbitter, den Blue Gin."

Alles auf der Karte ist tagesfrisch, vom Fisch aus der Donau über das Gemüse bis zu Wachauer Safran und Wild:

„Das Reh kommt aus den Lagen an der Waldgrenze, wir haben nicht nur Lagenweine, sondern auch Lagenrehe …"

Hofmeisterei Hirtzberger
Hauptstraße 74, 3610 Wösendorf in der Wachau
Tel. +43(0)2715/22931
www.hofmeisterei.at

Elisabeth Lagler

Weingut Lagler – Hotel Weinberghof – wein.kost.bar

„Die Kulinarik der Wachau ist von der feineren Art, leichter, eher luftig, mit feinem Käse, Fisch und Wild …“
Elisabeth Lagler

Sie ist die perfekte Gastgeberin, wer bei ihr einkehrt, der fühlt sich wohl, hier in Spitz, in der Wachau bei Elisabeth Lagler: „Ich umsorge gerne meine Gäste, es macht mir Spaß, wenn meine Gäste sich wohlfühlen, und wenn sie heimfahren, sollen sie sagen, es war so schön, wir kommen wieder …“

Neues verbindet Elisabeth Lagler behutsam mit Traditionellem.

Wiederkommen möchte jeder gerne ins Weinberghotel und Weingut Lagler. Jeder, der einmal auf der Terrasse der wein.kost.bar gesessen ist und diese herrlichen Wachauer Schmankerln, liebevoll zubereitet von Elisabeth Lagler, verkostet hat. Wildschinken, Reh und Hirsch, köstlicher Käse mit selbst eingelegten Früchten und natürlich Elisabeth Laglers legendäre Geflügelleberpastete mit Tresterpflaumen, dazu ein Glas vom „Riesling 1000 Eimerberg Selection“ oder dem „Grünen Veltliner Elisabeth Selection Smaragd“, da kann man schon ins Schwärmen kommen …

In Spitz, im Herzen der Wachau, umgeben von Weingärten, liegt der Weinberghof. Seit 1789 ist die Familie Lagler in Spitz ansässig, aber erst Ende der siebziger Jahre vollzog sich der Wandel vom reinen Traubenproduzenten zum gefragten Weinmacher. Die Weingärten liegen in den besten Spitzer Lagen wie „Tausendeimerberg“ oder „Burgberg“. Alte Rebbestände, verbunden mit naturnaher Bearbeitung und qualitätsorientierten Maßnahmen, prägen die Arbeit im Weinberg.

Auf den Terrassenlagen mit Urgesteinsverwitterungs-Böden wachsen nicht nur preisgekrönte Rieslinge und Grüner Veltliner, sondern auch Gelber Muskateller, Weißburgunder, Neuburger, Sauvignon Blanc und Zweigelt, die in den Lagen „Tausendeimerberg“, „Steinborz“, „Setzberg“, „Axpoint“ oder „Atzberg“ angebaut werden.

Als Mitglied der „Vinea Wachau Nobilis Districtus“ ist das kompromisslose Bekenntnis zu Qualität, Ursprung und Reinheit oberstes Prinzip im Weingut Lagler.

Erstmals nahm die Familie Lagler dieses Jahr mit drei ihrer Weine bei den Decanter World Wine Awards teil und der Erfolg ließ nicht lange auf sich warten. Alle drei Weine konnten die Jury überzeugen und somit eine der begehrten Medaillen erringen, drei Weine – drei Medaillen. Karl Lagler ist trotz seines Könnens ein Winzer ohne Starallüren geblieben, auch wenn ihn die Medien in die Reihe der besten Weingüter der Welt aufgenommen haben.

Heute unterstützt ihn Sohn Karl junior tatkräftig, von der Vinifizierung bis zum Wein-Marketing.

Beide, Karl und Elisabeth, lieben es, mit Freunden und der ganzen Familie stundenlang bei den befreundeten Spitzenköchen zu sitzen, zu tratschen und zu genießen.

Karl ist ein stiller Genießer, er hat einen „absoluten“ Geschmacksinn, erzählt Elisabeth Lagler, „manchmal wird er beim Essen ganz ruhig und andächtig, und dann sagt er: Was hast du da Neues probiert?“

Neues verbindet Elisabeth Lagler behutsam mit Traditionellem: „Wir versuchen, feine, ausgewählte regionale Spezialitäten in der wein.kost.bar anzubieten.“

Die Gäste im Weinberghof mit herrlichem Blick auf Spitz und die umliegenden Weingärten, werden von Elisabeth und Tochter Katharina, dem „Mädchen für alles“, liebevoll verwöhnt.

Von weit her pilgern die Feinschmecker, wenn es, für kurze Zeit nur, die echten Wachauer Marillenknödel mit dem duftigen Weinschaum gibt: „Die Gäste kommen aus der ganzen Welt, von Kanada bis Australien und Neuseeland, viele aus Asien und Indien. Und alle lieben die Wachauer Marillenknödel!“

Dazu ein Glas Riesling Smaragd vom „1000 Eimerberg“, der Sonnenuntergang auf der Terrasse in der wein.kost.bar und dann einfach den Tag ausklingen lassen …

Weingut Lagler – Hotel Weinberghof – wein.kost.bar
Am Hinterweg 17, 3620 Spitz an der Donau, Tel. +43(0)2713/2939
www.laglers.at

Gutshofrestaurant Prandtauerhof

Weingut Holzapfel

„Mit dem Gutshofrestaurant ist das Weingut nach außen geöffnet. Es sollte ein unkomplizierter, einfacher Zugang zum Genuss sein. Durch den hohen Wohlfühlfaktor entsteht so einzigartige Lebensqualität ..."
Barbara und Karl Holzapfel

Inmitten der Wachau, idyllisch eingebettet in Weingärten und steile Terrassen, da liegt ein kleines Paradies – der Prandtauerhof. Wer durch den mächtigen Türbogen den alten Arkadenhof betritt, den empfängt herzliche Gastfreundschaft und ein fast schon mediterranes Lebensgefühl. Ankommen und loslassen, hier kann man vielfach genießen – die barocke Architektur, die edlen Weine und hervorragenden Brände vom Weingut Holzapfel, das feine Essen und die romantischen Gutshofsuiten.

Der Prandtauerhof mit dem behaglichen Gutshofrestaurant und dem idyllischen Arkadenhof, umringt von Oleander, dieses Barockjuwel blickt auf eine mehr als 700-jährige bewegte Vergangenheit zurück.

1308 wurde der Prandtauerhof als Weinlesehof des St. Pöltner Chorherrenstiftes erbaut und 1696 von Baumeister Jakob Prandtauer, der sich mit dem Stift Melk bereits zu Lebzeiten ein Denkmal gesetzt hatte, in ein barockes Schmuckstück verwandelt, mit zweigeschossigem Arkadenhof und kleiner Kapelle.

Ankommen und loslassen, hier kann man vielfach genießen.

Der alten Tradition treu geblieben, befindet sich auch heute noch das Weingut Holzapfel in dem ehemaligen Lesehof des Chorherrenstiftes. Die Weingärten werden ausschließlich mit naturnahen, traditionellen Arbeitsmethoden bewirtschaftet, da wachsen noch die Traubenhyazinthen und der Weingartenknoblauch zwischen den Rebzeilen.

Auf steinigen, mineralischen, kalkhaltigen und schieferdurchsetzten Böden reifen Weine erster Klasse. Das einzigartige Terroir und die unterschiedlichen Höhenlagen der Weingärten bedingen die rassige Säure, die für Frische und Eleganz sorgt. So entstehen unverwechselbare Weine mit Stil und klarer, delikater Frucht. Karl Holzapfel legt viel Wert auf die Balance: „Für uns steht die Eleganz, Frische und Mineralität der Weine im Vordergrund!"

Große Rieslinge und Grüne Veltliner gedeihen auf so hervorragenden Lagen wie „Achleiten", „Vorderseiber", „Weitenberg", „Klaus" und „Kollmitz", als Mitglied der Vinea Wachau stehen natürlich Steinfeder, Federspiel und Smaragd im Vordergrund. Die Selektion „Hippolyt" beeindruckt durch besondere Cremigkeit, Eleganz sowie Finesse und spiegelt die Magie der Wachau wider.

Wie die Philosophie beim Wein, so auch der Schnaps aus der eigenen Hausbrennerei im Prandtauerhof – ausgereift und am Höhepunkt des Aromas destilliert. Tief, klar und echt. Reife, dichte Destillate von Marille, Williamsbirne, Weichsel, Quitten und Johannisbeeren, preisgekrönt und krönender Abschluss jedes Essens.

Die Vielseitigkeit des Prandtauerhofes zeigt sich auch im gemütlichen Gutshofrestaurant mit seinen ländlich gestalteten Stuben und seiner köstlichen regional-autochthonen Küche auf Top-Niveau. Maßgeblichen Anteil am Aufschwung des kulinarischen Bereiches zu einer der führenden Adressen in der Wachau haben Barbara Holzapfel und ihr Team, die mit viel Herzlichkeit und Engagement für eine angenehm heimelige Atmosphäre sorgen. Die fantasievoll bodenständig ausgerichtete Küche verwendet vor allem ausgewählte Produkte der umliegenden Region und des nahen Waldviertels. „Als Gastgeberin ist mir wichtig, dass die Regionalität der Küche im Vordergrund steht. Wir kochen mit Kräutern aus dem Weingarten, Obst und Gemüse aus dem hauseigenen Garten und backen unser Brot selbst. Bei uns kommt alles auf den Tisch, was rund ums Haus wächst!"

Auf der Karte finden sich Klassiker wie Tafelspitz, aber auch delikate Fische aus der Donau, selbst geräuchert in der hauseigenen Räucherei.

Köstlichkeiten wie in Veltliner gebeizte Lachsforelle oder Donau-Huchenfilet mit Marillen-Senf-Kruste lassen Genießerherzen höherschlagen, und die raffinierten Marillen- und Mohnkreationen verführen zum Verweilen …

Gutshofrestaurant Prandtauerhof
Weingut Holzapfel
Prandtauerplatz 36, 3610 Joching-Wachau
Tel. +43(0)2715/2310
www.holzapfel.at

Weinviertel

Johannes Stadler

Top-Heuriger und Weingut Stadler

„Die regionale Küche ist bei uns durchaus ein bisschen deftig, weil die Menschen ja auch die Kraft brauchen, zum Arbeiten. Typisch für die Region sind die Erdäpfel und die Laaer Zwiebel, und dazu passt natürlich perfekt der ‚Grüne Veltliner Weinviertel DAC' – bis hin zum ‚Grünen Veltliner Alte Reben' ...“

Johannes Stadler

Im ausgezeichneten „Top-Heurigen“ dominiert die regionale Kulinarik.

Genussvolle Gelassenheit steht für die sanften Weinberge und die unendliche Weite der Felder im Weinviertel. Von Westen nahe Laa an der Thaya bis in den Süden nach Poysdorf schlängelt sich die Weinstraße Weinviertel – Veltlinerland durch die besten Rieden der Region.

Hier in Falkenstein, einem der ältesten Weinorte Österreichs im nordöstlichen Weinviertel, zu Füßen der Burgruine, da liegt das Weingut Stadler. Die Wurzeln der Falkensteiner Winzerfamilie reichen bis ins Jahr 1726 zurück. Die Gegend rund um Falkenstein bietet beste kleinklimatische und geologische Voraussetzungen für den Anbau hochqualitativer Weine. Bewaldete Hügel halten kalte Winde ab, steile Kalkklippen und heiße Talkessel sorgen für die optimale Ausreifung der Trauben. Die Böden sind locker und warm und zeichnen sich durch einen hohen Kalkanteil aus. Fruchtbetont mit elegantem Körper, spritzig und gehaltvoll – so präsentiert sich der typische Falkensteiner.

Als Obmann der Weinstraße Weinviertel – Veltlinerland liegt Johannes Stadler natürlich der Grüne Veltliner sehr am Herzen. „Der Weinviertel DAC ist fruchtig und würzig, aber hier in Falkenstein ist er ein wenig mineralischer, eleganter, mit lebhafter Säure."

Gepflanzt werden traditionellerweise hauptsächlich Weißweinsorten, aber auch Rotweine finden hier ideale Wachstumsbedingungen. So wie der preisgekrönte „Pinot Noir" von Johannes Stadler aus der Riede „Rabenstein". Diese Riede am Fuße der Burg Falkenstein zeichnet ein ganz spezielles Mikroklima aus, sie ist eine kleine „Rotwein-Insel": „Die Riede Rabenstein ist eine meiner Lieblingsrieden. Sie ist gekennzeichnet durch den schweren, fruchtbaren Boden mit einem hohen Anteil an Verwitterungskalk. Hier war einmal das Urmeer, und manchmal finden wir noch versteinerte Austern im Weingarten …"

Hoch über dem Ort thront die mächtige Burgruine, einstmals Sitz des berühmten Falkensteiner Berggerichts, welches zwischen dem 13. und dem 18. Jahrhundert zuständig war für die Weingerichtsbarkeit von Wien bis Brünn. Noch heute wird eine Originalabschrift des „Bergtaidingbüchls" aus dem Jahr 1584 im Gemeindearchiv aufbewahrt.

Mit der Markengemeinschaft „Falkensteiner Berggericht" möchten die Falkensteiner Winzer das Erbe ihrer Väter behutsam und mit höchster Qualität weiterführen. Auch das Weingut Stadler gehört zu dieser engagierten Vereinigung. Jedes Jahr werden die besten Weine mit dem Berggerichtssiegel ausgezeichnet. So wie der Grüne Veltliner Alte Reben „Falkensteiner Berggericht" von Johannes Stadler.

In der mit Kalkstein ausgelegten Vinothek des Weingutes lassen sich diese und andere Raritäten verkosten, hier verbinden sich in vorbildlicher Weise moderne architektonische Elemente mit alter Tradition. Im ausgezeichneten „Top-Heurigen" dominiert die regionale Kulinarik, dazu Köchin Maria Stadler: „Wir servieren die Klassiker wie Kümmelbraten, Blunzen, Schweinsbraten oder Veltliner-Schinken, aber auch den Frischkäse aus der Region. Besondere Rarität aber ist der Hanf, der als Speise zu Aufstrichen und als Gewürz verarbeitet wird." Berühmt ist ihr Rotwein-Kuchen, zu dem sowohl der „Pinot Noir" als auch der „Weinviertel DAC" wunderbar passen.

Und wer auf der Terrasse – mit wunderbarem Blick auf die Burgruine – die regionalen Köstlichkeiten genossen hat, der kann sein müdes Haupt auch in einem der Genießerzimmer zur Ruhe betten. Hier lässt es sich herrlich kuscheln und entspannen …

Weingut Stadler
Stürzenbühel 104, 2162 Falkenstein, Tel. +43(0)2554/85417
www.weingut-stadler.com

Maximilian Hardegg
Schlossweingut Graf Hardegg

„Unsere Weingärten gehören zu den nördlichsten Österreichs, mit ausgeprägtem kontinentalen Klima mit heißen Sommern, aber kühlen Spätsommernächten. Die Weine zeichnen sich durch ausgeprägte Mineralität und Eleganz, feine Säure und moderaten Alkoholgehalt aus. Diese Stilistik ist ‚cool climate' – geradlinig, aber niemals langweilig."
Maximilian Hardegg

Das Schlossweingut Graf Hardegg ist nicht nur eines der größten und traditionsreichsten Privatweingüter, sondern auch eines der nördlichsten und eindrucksvollsten Österreichs, das stolz auf eine mehrere Jahrhunderte alte Weinbaugeschichte blicken kann.

Architektonischer Mittelpunkt ist das 1705 erbaute familieneigene Barockschloss im Pulkautal. Bereits im Mittelalter betrieben die Schlossherren Weinbau auf Schloss Seefeld-Kadolz. Der Hofkeller mit seinen labyrinthartigen Kellergewölben wurde schon im Jahr 1640 erbaut und wird heute noch zur Reifung der Spitzengewächse verwendet. Auch auf der Riede „Steinbügel" oberhalb des Kellers ist der Weinbau bereits im 13. Jahrhundert verbürgt und zeigt, welch zentrale Rolle der Wein und der Weinbau für die Grafen Hardegg seit jeher gespielt haben. Über die Jahrhunderte war der Weinbau ein wichtiger Eckpfeiler der Herrschaft, wenngleich auch mit wechselvoller Geschichte.

Unsere Weine sind eben Langstreckenläufer!

Mit der Übernahme des Weingutes durch Maximilian Hardegg im Jahr 1991 kam neuer Schwung ins traditionsreiche Schlossweingut. Die Weinproduktion wurde verstärkt auf Qualität umgestellt, im Jahr 2000 wurde ein neues Kellergebäude errichtet, zur optimalen Traubenverarbeitung. Es werden hauptsächlich klassische Traubensorten kultiviert, mit gutem Grund, meint Maximilian Hardegg: „Die klimatische Situation macht es möglich, vor allem Sorten wie Grüner Veltliner, Riesling oder Pinot Noir zu kultivieren, die in kühleren Klimazonen interessante Ergebnisse bringen. Unsere Weine strahlen dadurch Lebendigkeit und Würze aus."

Das Experimentieren mit neuen Sorten und Produktionsmethoden ist ein herausragendes Merkmal des Weingutes: „Wir streben die Ausprägung höchster Sortentypizität an. Man könnte dies mit dem Ausdruck ‚aromaorientierter Weinbau' beschreiben."

Das Credo des querdenkenden Schlossherrn ist einfach: „Ausreißer nach oben in der Qualität sind ganz wichtig und müssen zugelassen werden. Ohne Pionierleistungen kann das nördliche Weinviertel nicht zeigen, was es kann …"

Das Ausnahmeweingut mit Pioniergeist steht auch heute an der Spitze einer neuen Winzerbewegung als Vorreiter und Leitbetrieb, definiert den Stil der Weinviertler Weine neu. Das Motto lautet: „Kühles Klima, elegante Weine" – die Weine des Schlossweinguts Graf Hardegg brillieren mit feiner „Cool climate"-Stilistik: „Unsere Weingärten gehören zu den nördlichsten Österreichs, der böhmische Einfluss beschert uns ausgeprägtes kontinentales Klima, unter anderem mit heißen Sommern, aber kühlen Spätsommernächten."

In Kombination mit den sandigen Rohgesteinsböden sorgt dieses kühle, luftige Klima für gesunde Trauben. „Die Weine zeichnen sich durch ausgeprägte Mineralität und Eleganz, feine Säure und moderaten Alkoholgehalt aus. Diese Stilistik ist ‚cool climate' – geradlinig, aber niemals langweilig."

Vor allem Grüner Veltliner, Riesling und Pinot Noir fühlen sich dabei besonders wohl. Damit das auch so bleibt, ist das Weingut seit 2009 biozertifiziert. Jetzt wachsen und blühen in den Weingärten wieder Wildkräuter und Klee. Auch in der Kellerarbeit setzt sich der biologische Gedanke fort. Man greift nur wenig in die Weinwerdung ein, jeder Wein und auch der handgerüttelte Sekt bekommen die Zeit, die sie benötigen, um ihr volles Potenzial auszuschöpfen. „Unsere Weine sind eben Langstreckenläufer!"

Ob ihrer Eleganz, feinen Säure und Mineralität eignen sich die Weine des Schlossweinguts Graf Hardegg vorzüglich als Speisenbegleiter. Vor allem die Weine aus der Spitzenlage „Steinbügel".

Maximilian Hardegg: „Unser großes Ziel ist, dass Weingenießer die Eleganz, Feinheit und Finesse unserer Weine schätzen lernen und erkennen, wie wunderbar sich damit ein Menü gestalten lässt …"

Schlossweingut Graf Hardegg
Großkadolz 1, 2062 Seefeld-Kadolz, Tel. +43(0)2943/2203
www.grafhardegg.at

Marie Liechtenstein

Hofkellerei des Fürsten von Liechtenstein

„Ich koche leidenschaftlich gerne, esse auch leidenschaftlich gerne, es macht mir Spaß, neue Dinge auszuprobieren, aber es muss schnell gehen. Ich verbringe meine Zeit lieber mit meinen Kindern, als einsam in der Küche zu stehen!“
Prinzessin Marie Liechtenstein

„Wir haben uns gefunden, das Weingut und ich. Als mein Mann mich vor einigen Jahren gefragt hat, ob ich ihn im Weingut unterstützen möchte, habe ich diese Aufgabe gerne übernommen.“

Als ausgebildete Sommelière unterstützt Prinzessin Marie von Liechtenstein die Hofkellerei nicht nur im Bereich Marketing und Vertrieb, sondern vertritt das Weingut in der ganzen Welt. Es ist eine Herausforderung und schöne Aufgabe, denn die Hofkellerei des Fürsten von Liechtenstein besteht seit knapp 600 Jahren, genauer: seit dem Jahr 1436, und zählt somit zu Österreichs traditionsreichsten Weingütern. Zur Hofkellerei der Stiftung Fürst Liechtenstein gehören die Hofkellerei in Wilfersdorf im Weinviertel sowie die Hofkellerei in Vaduz mit der kellereigenen Vinothek und dem Spezialitätenrestaurant Torkel.

Wir haben uns gefunden, das Weingut und ich.

Das historische Gut Wilfersdorf befindet sich im nördlichen Weinviertel, dessen Lößböden und markantes pannonisches Klima den Weinbau der Region seit Urzeiten prägen. Sehr warme, trockene Sommer und kalte Winter geben den Weinen der Region Kraft und Ausdruck und prädestinieren die Hofkellerei für die Erzeugung klassisch österreichischer „cool-climate"-Weißweine mit viel Eleganz und feinem Säurerückgrat, vom Grünen Veltliner DAC über Riesling bis zu Muskat-Ottonel.

Gleichzeitig bietet die besondere Kessellage der Weinbaugemeinde Wilfersdorf beste Voraussetzungen für die ausdrucksstarken Rotweine wie Zweigelt und Merlot. Die Hauptreblagen „Karlsberg" und „Johannesberg" der fürstlichen Domäne bringen ausgezeichnete Lagen- und Reserve-Weine hervor.

Als Sommelière verbringt Prinzessin Marie viel Zeit im Ausland, vertritt sie doch das Weingut in der ganzen Welt, von Österreich über Russland bis nach Hongkong und Taiwan. Der „Liesecco", ein duftiger Frizzante mit dem fruchtigen Geschmack nach Gelbem Muskateller, ist nicht nur der persönliche Favorit der Prinzessin, sondern auch der Asiaten: „Der ‚Liesecco' ist in Asien besonders gut angekommen, die Leichtigkeit des Getränks, mit der feinen, milden Perlage und dem feinwürzig-fruchtigen Bukett, hat die Gäste begeistert." Gerne kredenzt sie ihn auch ihren Gästen: „Bei mir steht immer eine Flasche ‚Liesecco' im Kühlschrank, er ist so vielseitig einsetzbar, er passt zu jedem Essen, von der Vorspeise bis zum Schokosoufflé!"

Sie reist nicht nur gerne, Marie Liechtenstein kocht auch leidenschaftlich gerne und führt ein großes Haus mit zahlreichen Gästen. Viel Zeit bleibt da allerdings nicht, um lange in der Küche zu stehen. Ihr Lieblingsgericht, nach einem alten Familienrezept aus der Liechtenstein'schen Schlossküche, ist daher auch so genial wie einfach zubereitet: das Schokoladensoufflé. „Jeder glaubt, es ist wahnsinnig aufwendig, dabei ist es ruckzuck gemacht und man kann es auch gut vorbereiten."

Von diesem fürstlichen Schokoladensoufflé träumt die ganze Familie: „Es ist wie eine Schokoladenwolke, meine Kinder stehen sehnsüchtig mit großen Augen vor dem Ofen und warten, dass es fertig wird.

Und es ist immer besser, die doppelte Menge zu machen …"

Hofkellerei des Fürsten von Liechtenstein
Brünnerstraße 8, 2193 Wilfersdorf, Tel. +43(0)2573/2219 27
www.hofkellerei.at

Friedrich Rieder

Weingut Weinrieder

„Die Genialität ist immer einen Millimeter vor der Katastrophe. Für mich ist der Grenzbereich die Herausforderung, da wird es spannend, die Natur auszureizen. Und jedes Jahr überrascht mich die Natur wieder …“

Friedrich Rieder

Er ist ein Grenzgänger, ein Entdecker, mit großer Leidenschaft und dieser unstillbaren Sehnsucht nach Vollkommenheit, immer auf der Suche nach dem Außergewöhnlichen, dem Besonderen …

„Weinrieder extrem“ ist nicht nur das Motto seiner alljährlichen Weinpräsentation, sondern das Dogma des Winzers, Aufgabe und nie enden wollende Herausforderung zugleich. Ausloten, an die Grenzen gehen, an die Grenzen des Weines und an seine eigenen: „Das Spannendste am Weinmachen ist das Eingreifen in die Schöpfung, der Natur das Beste abzuringen …“

„Weinrieder extrem“ ist wie ein Konzert. Es ist ein Themenpark, spannend aufgebaut, von der Ouvertüre bis zur Ekstase …

Besondere Weine mit einer besonderen Handschrift, das ist das Markenzeichen von Fritz Rieder alias Weinrieder: „Wir machen Weine mit Kraft und Charakter, die dort getrunken werden, wo mit Liebe gekocht wird.“

Das Weingut Weinrieder liegt im Herzen des Weinviertels, mitten im „Veltlinerland“, in Kleinhadersdorf nahe Poysdorf. Ein kleiner Ort, in dem es noch gemütlich zugeht, das Landschaftsbild geprägt ist von Weingärten und romantischen Kellergassen.

Weinrieders hochwertige Weine wachsen auf besten Süd- und Südwest-Lagen, der ursprüngliche Hofname „Weinrieder" zeugt von der jahrzehntelangen Weinbautradition der Familie Rieder.

Das Weingut gilt als vielfach prämierter Spezialist für hochwertige Weißweine, und da vor allem für die kraftvollen Premium-Qualitäten mit großem Potenzial und die Prädikatsweine von internationaler Klasse mit einem grandiosen Süße-Säure-Spiel.

„Weinrieder – das Beste vom Wein" ist nicht nur Slogan, sondern gleichsam Lebensmotto: „Ich möchte zeigen, was im Weinviertel möglich ist, die Durchschnittlichkeit durchbrechen. Hier, im größten Weinbaugebiet Österreichs zeigen, dass es parallel zu den jungen, frischen Weinen auch große, gereifte Veltliner-Reserven gibt!"

Das Thema „Wein und Speisen" ist die Passion von Fritz Rieder, er hat schon immer gerne den befreundeten Haubenköchen in die Töpfe geschaut und durch das gemeinsame Kochen und Kosten seinen kulinarischen Horizont entscheidend erweitert.

„Ich sehe den Wein immer in Zusammenhang mit dem Essen. Für mich ist entscheidend, wie der Koch die Speise zubereitet.

Kräftige Saucen sind geschmacksintensiv, da ist ein Wein mit viel Säure unharmonisch. Ein kräftiger Grüner Veltliner aber, burgundisch ausgebaut, balanciert das Frucht-Säure-Spiel perfekt aus."

So wie sein „Grüner Veltliner Alte Reben", ein Wein von Weinstöcken, die sein Großvater schon 1929 ausgepflanzt hat. Ein kräftiger, reifer Wein, der auch so traditionelle Weinviertler Speisen wie Weinkraut mit Knödel hervorragend begleitet.

Die Magnum-Menüs im Hause Weinrieder, jedes Jahr von einem anderen Spitzenkoch zubereitet und begleitet von der ganz besonderen Weinauswahl des Ausnahme-Winzers, sind eine kulinarische Offenbarung für die Gäste.

„Nicht jeder gute Wein ist auch ein guter Speisenbegleiter! Großartige Speisenbegleiter brauchen Kraft und Balance, dürfen keine dominante Säure haben. Man muss unterscheiden zwischen Solisten, Weinen, die man frisch-fruchtig auf der Terrasse trinkt, und kräftigen, gereiften Weinen, die eine Speise unterstützen …"

Einmal im Jahr, bei „Weinrieder extrem", gibt es dann drei Tage lang Sinneserweiterung vom Feinsten: „Weinrieder extrem ist wie ein Konzert. Es ist ein Themenpark, spannend aufgebaut, von der Ouvertüre bis zur Ekstase …"

Von den Einstiegsweinen über die reifen Grünen Veltliner bis zu Süßweinen und Eisweinen verschiedener Jahrgänge reicht die „Tour de Force".

Es ist eine Erweiterung der Sinne, in jedem Fall aber eine Herausforderung für den Gaumen.

„Du musst die Begeisterung und Leidenschaft leben. Ich will die Leute zum Glühen bringen …"

Weingut Weinrieder
Untere Ortsstraße 44, 2170 Kleinhadersdorf/Poysdorf
Tel. +43(0)2552/2241
www.weinrieder.at

Burgenland

Neusiedlersee

Zur Dankbarkeit – Gasthaus und Weinbau

„Die pannonische Küche ist keine Museumsküche, sondern eine lebendige, die sich über die Jahrhunderte immer weiterentwickelt hat. Im Burgenland war immer ein buntes Völkergemisch zu Hause, das gut miteinander ausgekommen ist, und das hat auch die Küche geprägt!"

Josef Lentsch

„Das Feurige, die Lebensfreude, der Paprika, die Paradeiser und die Zwiebeln, das kommt von den Ungarn, die „sparsame" Küche, die Bohnen, die Erdäpfel und die Mehlgerichte brachten die Siebenbürger Schwaben mit, in Podersdorf siedelten sich die Bayern an, Frauenkirchen war eine jüdische Gemeinde, und rund um Apetlon hatten wir die Einflüsse aus dem Elsass, das war die feinere Küche der „Franzosen …"

Seit Generationen wird hier allerfeinste Regionalküche klassisch pannonisch zubereitet.

Das Wirtshaus heißt „Gasthaus zur Dankbarkeit", und dankbar wird der Gast, wenn Wirt und Winzer Josef Lentsch im schattigen Gastgarten, unter den alten Bäumen, nicht nur die köstlichsten Gerichte auftischt, sondern auch noch zu erzählen anfängt. Und zu erzählen gibt es viel, denn seit Generationen wird hier im Seewinkel in Podersdorf allerfeinste Regionalküche klassisch pannonisch zubereitet, nach alten Rezepten mit Fingerspitzengefühl verfeinert und interpretiert, mit Gespür für die authentischen Aromen dieses Landstrichs.

Der kulinarische Gabentisch des Seewinkels ist reich gedeckt: Paradeiser und Paprika in unübertroffener Vielfalt, Mangalitzaschweine, Steppenrinder und Weidegänse, Zander und eine kleine Flottille weiterer Fische aus dem See stehen der Küche in optimaler Frische und Reife zur Verfügung. Und eine Vielzahl unerwarteter Delikatessen.

Der Neusiedler-See-Majoran, der in der gesamten Monarchie heiß begehrt war, oder der „Seespargel", der in trauter Nachbarschaft zu den Welschriesling-Reben der Familie Lentsch wächst.

Das Haus, in dem sich das Gasthaus „Zur Dankbarkeit" befindet, hat eine lange Geschichte, und das Gasthaus selbst zumindest eine respektable.

In alten Urkunden wird das von den Zisterziensermönchen errichtete Gebäude als „Ebenerdiges Schloss" bezeichnet, worunter man sich nichts Pompöses, aber immerhin ein solide gemauertes, für damalige Verhältnisse großes Bauwerk vorstellen darf. Als Gasthaus besteht es nun seit drei Generationen unter beständiger Führung von Wirten namens Josef Lentsch.

Josef I. erwarb es 1934, adaptierte das Gebäude als Gaststätte und begründete den Weinbau der Familie. Josef III. ist ein Bewahrer der alten Traditionen:

„Als ich ein Kind war, hatte jedes Haus noch Gänse, Enten und Truthähne, Schweine, wegen dem Geselchten und Geräucherten, einen eigenen Gemüsegarten, ein wenig Getreide, und der Knoblauch ist im Weingarten gewachsen." Bis in die 70er-Jahre gab es im Burgenland diese typische Mischwirtschaft, gegessen wurde, was gerade da war: „Die Fischer sind direkt vom See ins Wirtshaus gekommen und haben frischen Fisch gebracht. Und dann stand an diesem Tag halt ein Fischgericht auf der Speisekarte!"

In den gemütlichen Stuben speist man bis heute vortrefflich, Köstlichkeiten wie der gebratene Wels in Weißweinsauce oder das Kellerfleisch zergehen auf der Zunge: „Auf einem kleinen Kocher wurde von den Männern bei der Kellerarbeit gekocht – Schweinernes, ein Doppler Weißwein hinein, weich gekocht und fertig war das Kellerfleisch!"

Die jiddische Gänseleber und die Fischsuppe sind sowieso Pflicht, und den passenden Wein dazu liefert Wirt und Winzer Josef Lentsch gleich selbst – aus dem eigenen Weingut. Zur Annäherung an die kraftvollen, im kleinen Holzfass ausgebauten Weine von Pinot Gris und Pinot Noir bis hin zur Trockenbeerenauslese können der vollfruchtige Welschriesling, der duftige Muskat Ottonel oder die beiden Hausweine – „Dankbarkeit weiß" und „Dankbarkeit rot", Cuvées mit jeweils großem Burgunderanteil – angenehme Dienste leisten.

Wunderbare Speisenbegleiter allesamt besonders zu den Schmorgerichten, wie etwa vom Steppenrind:

„Ein Fleisch rosa braten kann man auf der ganzen Welt, aber die Schmorgerichte, die sind typisch bei uns. Ein gutes Safterl ist nämlich mehr wert als die Kräuterbutter auf dem Fleisch ..."

Zur Dankbarkeit – Gasthaus und Weinbau
Hauptstraße 39, 7141 Podersdorf, Tel. +43(0)2177/22 23
www.dankbarkeit.at

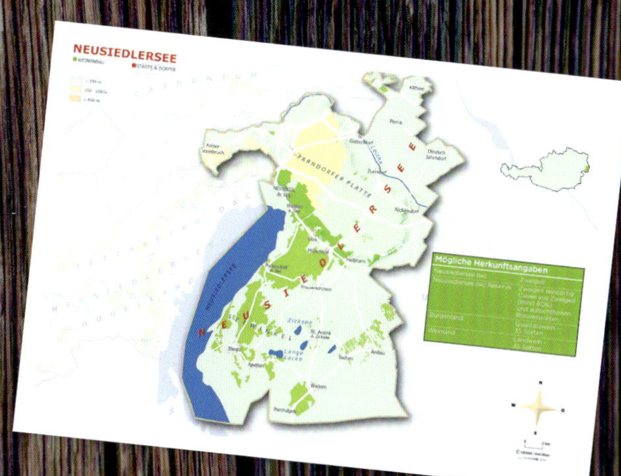

Leo Hillinger
Weingut Leo Hillinger

„Der Seewinkel schmeckt traumhaft und bietet unglaublich viel. Wir haben quasi alles, was das Herz begehrt, vor der Haustür. Ich persönlich versuche, mich sehr gesund zu ernähren, habe mein Gemüse und meine Kräuter im Garten. Ich liebe den Zander vom Neusiedler See, das graue Steppenrind und Mangalitza-Produkte – und ja, das gibt es alles bei uns!“
Leo Hillinger

Er ist ein Visionär mit Wurzeln, Leo Hillinger, der Ausnahme-Winzer und Ausnahme-Unternehmer. Und es ist eine Geschichte von Herzblut und Tatendrang …

Hineingeboren im Burgenland in eine traditionelle Weinhändlerfamilie, entwickelte Leo Hillinger bereits als Kind ein tiefes Interesse für die Vorgänge im großväterlichen Weingarten. Mit 19 Jahren zog er mit einem Stipendium nach Kalifornien, wo er nicht nur neue Erfahrungen bezüglich der Vinifikation sammelte, sondern in dieser Zeit begann auch die Auseinandersetzung mit möglichst naturnaher Bewirtschaftung der Rebflächen, die Hillingers Arbeit heute auszeichnet.

Immer wieder verließ Leo Hillinger traditionelle Wege zugunsten kreativer Innovationen.

1990, mit nur 23 Jahren, übernahm Leo Hillinger den kleinen väterlichen Weinhandel mit nicht einmal einem Hektar Weingartenfläche und begann konsequent den Aufbau seines eigenen Weingutes.

Die Erfahrungen und Eindrücke, die der junge Winzer bei den Praktika in der ganzen Welt gesammelt hatte – seine Wein-Weltreise führte ihn ja von Frankreich über Deutschland und Südafrika bis nach Australien, Neuseeland und Kalifornien – die wollte Leo Hillinger nun im eigenen Weingut umsetzen. Und so entwickelte er den Betrieb durch Strukturreformen und Zukäufe guter Lagen rund um Jois, Oggau und Rust zu einem österreichischen Musterbetrieb.

Er begann, die Traubenproduktion nach seinen Ideen zu reformieren, und konnte in relativ kurzer Zeit auch markante Qualitätssteigerungen und Umsatzzuwächse verbuchen. Gekonnt wurden die Stärken der österreichischen Sorten mit internationaler Stilistik verwoben.

Mit der Erfüllung seines Lebenstraums, nämlich des eigenen Weingutes in Jois, einer der modernsten Kellereien Europas mit Degustations-Lounge, modernster Kellertechnik, gepaart mit anspruchsvoller Architektur und ausgezeichnetem Design, hat sich Leo Hillinger 2004 sein eigenes Denkmal geschaffen.

Es ist auch eine Veränderung eingetreten. „Heute passt die Qualität, und das gibt die Ruhe." Seit 2010 setzt Leo Hillinger auf biologisch-organischen Weinbau: „Weinmachen ist für mich das größte Glück. Für mich verbinden sich dabei Beruf und Hobby. Ich kann mir nichts Schöneres vorstellen."

Die Weine – allen voran die Top-Cuvées „Hill 1", „Hill 2" und „Hill 3" – werden regelmäßig im In- und Ausland ausgezeichnet und überzeugen mit schöner Frucht, kräftigem Körper und hohem Entwicklungspotenzial.

Bei so viel Engagement blieb auch der kommerzielle Erfolg nicht aus. Als erster Winzer eröffnete er einen eigenen „Flagship-Store" in Parndorf, und das Konzept der HILL Lounge begeistert die Gäste von Salzburg bis Wien.

Immer wieder verließ Leo Hillinger traditionelle Wege zugunsten kreativer Innovationen. In seinem Heurigen in Jois lud er zu Jazz-Brunch, klassischen Konzerten oder poetischen Ganslessen und knüpfte so ein weitläufiges Netzwerk aus Kunst, Wirtschaft und Weinbau.

Trotz aller internationalen Erfolge ist Leo Hillinger seinen Wurzeln immer treu geblieben: „Das Burgenland ist perfekt – wir werden mit den meisten Sonnenstunden verwöhnt, und das schmeckt man im Glas und auf dem Teller! Einfach einzigartig, man muss es hier miterleben, die Region, die Menschen, die Weine. Es ist einfach besonders!"

Auch die regionale Kulinarik hat einen hohen Stellenwert im Leben des weit gereisten Winzers: „Regionale Kulinarik bedeutet für mich hochwertiges Essen und grandiosen Wein beim regionalen Gasthof genießen zu können oder auch einfach sich zu Hause aus heimischen Produkten etwas Feines zubereiten zu können!"

So wie die Fischsuppe mit Fischen aus dem See, aber eben abgewandelt, typisch Leo Hillinger, im Asia-Style!

Weingut Leo Hillinger
Hill 1, 7093 Jois, Tel. +43(0)2160/8317-0
www.leo-hillinger.com

Willi Opitz
Weingut Willi Opitz

*„Good Food, good wine, good time …
Unsere schönste Auszeichnung ist es, dass die Menschen, die bei uns Wein und Genuss erlebt haben, sehr oft mit ihren guten Freunden wiederkommen!"*
Willi Opitz und Angela Opitz-Ashworth

„Wir machen die perfekt abgestimmten Speisen zum Wein und verpacken das in einem Abend mit interessanten Wein- und Genuss-Geschichten, Anekdoten aus dem erlebnisreichen Leben eines Spitzenwinzers."

Willi Opitz und seine Tochter Angela Opitz-Ashworth sind ein geniales kulinarisches Gespann. Willi Opitz, der Spitzenwinzer steht für Innovation und preisgekrönte Weine. Angela, die Meisterköchin steht mit ihrem Mann Iain als C.I.A. Catering für „Criminally good food", und das im besten Wortsinn.

Als Schilfwein-Erfinder hat Willi Opitz sich auch international einen Namen gemacht und zahlreiche nationale und internationale Auszeichnungen errungen.

Als Quereinsteiger mit vielen Ideen begann Willi Opitz 1995 mit seinem Weingut, hängte damals seinen Job bei einem internationalen Lebensmittelkonzern an den Nagel, um nur noch Wein zu machen: „Als wir begonnen haben, hatten wir keinen Weingarten, keine Kunden und keine Angst …"

Zu den vielfach ausgezeichneten Wein-Kreationen serviert Tochter Angela mit ihrem Mann Iain wahrhaft „kriminell gutes Essen"!

Doch der Erfolg gab ihm recht. Schon 1996 wurde Willi Opitz bei der „International Wine Challenge" ausgezeichnet als „Late Harvest Wine Maker of the Year". Zahlreiche Auszeichnungen pflasterten in den folgenden Jahren seinen goldenen Weg, „Landessieger Burgenland", „Winemaker of the Year" in London, „Star Wine Award", „Top Winespectator Rating", um nur einige zu nennen.

Bald konnten mit innovativen Marketing-Ideen und ausgezeichneten Weinen so prominente Kunden gewonnen werden wie das McLaren-Formel-1-Team 1995, Harrod's oder British Airways First Class. Die CD „Sound of Wine", auf der die Gärgeräusche von 15 verschiedenen Weinen zu hören sind, erweiterte schon 1995 die Sinne der Weinkenner und verschaffte dem österreichischen Spitzenwinzer auch weltweit Gehör!

Mit seinem Leitsatz „Das Leben ist zu kurz, um schlechten Wein zu trinken!" gibt Willi Opitz seinen Gästen und Kunden auch gleich die Gebrauchsanweisung für seine Weine mit. In den Weingärten rund um den Neusiedler See in Illmitz gedeihen die wichtigsten Rebsorten wie Pinot Gris, Pinot Blanc und Welschriesling und für seine ausgezeichneten Süßweine die Sorten Muskat Ottonel, Gewürztraminer und Scheurebe. Als wichtigste rote Rebsorte darf der Pinot Noir bezeichnet werden, von dem das gesamte Spektrum von Sekt über Rosé und trocken bis hin zur Trockenbeerenauslese produziert wird. Auch von den Rebsorten Zweigelt, St. Laurent und Blaufränkisch werden hervorragende und lagerfähige Rotweine gekeltert. Berühmt sind natürlich der „Opitz One" und die anderen Schilfweine von Willi Opitz.

Zu den vielfach ausgezeichneten und innovativen Wein-Kreationen serviert Tochter Angela mit ihrem Mann Iain wahrhaft „kriminell gutes Essen"! Seit 2004 gibt es am Weingut von Willi Opitz in Illmitz am Neusiedler See nicht bloß Brot zur Verkostung, sondern exquisite Speisen auf Haubenniveau: Getrüffeltes Parfait von der Gänseleber, Geräuchertes Mousse von der Forelle mit Granny Smith oder den wunderbaren „Sticky Toffee Pudding". Meisterhaft gekocht von „C.I.A. Catering by Iain & Angela", Willis Tochter und ihrem Mann Iain Ashworth, Spitzenkoch aus England – unter anderem im Mandarin Oriental Hotel, London, im Michelin-Stern-Restaurant „Foliage". Iain kam der Liebe wegen ins Burgenland, denn kennengelernt haben er und Angela einander auf ungewöhnliche Weise: „Im Tiefkühlraum des Mandarin Oriental haben wir uns das erste Mal getroffen, sind dann aber ziemlich schnell aufgetaut!"

Beim „Wine-Makers-Dinner" mit 10–12 Gängen, begleitet von den hervorragenden Weinen von Willi Opitz, da taut selbst der kühlste Gast auf und genießt den Abend …

Weingut Willi Opitz
St. Bartholomäusgasse 18, 7142 Illmitz, Tel. +43(0)2175/2084-0
www.willi-opitz.at

Leithaberg

Gutsgasthaus „Zum Herztröpferl“, Weingut MAD – Haus Marienberg

„Die burgenländische Küche hat sich gemeinsam mit den burgenländischen Weinen zu einer unverwechselbaren Top-Qualität entwickelt.“

Matthias Siess, Obmann Wein Burgenland

„Die burgenländische Küche von Norden nach Süden ist eine eher deftige Küche. Im Norden rund um den Neusiedler See hat sich eine elegante, feinere Küche entwickelt mit den typischen Neusiedler-See-Fischen wie Zander oder Hecht. Der Seewinkel ist ein Gemüseparadies, der Gemüsegarten des Burgenlandes.

Wir leben als Familie im Verbund!

Wenn man in den Süden geht, wird es deftiger, mit feinen Highlights wie Moorochse, Weidegans und Mangalitza-Schwein. Die burgenländische Küche hat sich gemeinsam mit den burgenländischen Weinen zu einer unverwechselbaren Top-Qualität entwickelt.“

Er kennt das Burgenland mit seinen Genüssen wie kaum ein anderer, ist er doch seit einigen Jahren Obmann von „Wein Burgenland“, Matthias Siess.

„Meine Aufgabe ist es, die Top-Qualität und das positive Image der burgenländischen Weine in die Welt hinauszutragen.“

Auf seinen Reisen im Dienste des Weines rund um den Erdball bringt Matthias Siess viele neue Ideen mit, die er auch im familieneigenen Weingut MAD – Haus Marienberg in Oggau im Weinbaugebiet Neusiedlersee-Hügelland umsetzt: „Durch die internationale Erfahrung sehe ich, was wichtig ist am Markt. Aber ich will Authentizität und nicht auf einen Zug aufspringen, um Geschäft zu machen. Wir gehen unseren eigenen Weg!“

Sohn Tobias geht diesen Weg als Winzer gemeinsam mit der Großfamilie und ist mit seinem Onkel für die Vinifizierung im Weingut vom Weingarten bis zur Flasche verantwortlich. Das Weingut MAD – Haus Marienberg, seit 1786 im Familienbesitz, ist ein echter Familienbetrieb im besten Sinne des Wortes. Die Aufgaben sind zwar verteilt, trotzdem ziehen alle an einem Strang: „Wir leben als Familie im Verbund!"

Auch bei der Komposition einer neuen Cuvée, wie dem kraftvoll dichten „Furioso", kostet die ganze Großfamilie mit, vom Opa bis zu Jungwinzer Tobias: „Die Erschaffung einer Cuvée ist wie das Gemälde eines Künstlers. Ein Künstler mischt Farben, um das perfekte Bild zu malen, ein Winzer cuvéetiert Sorten, um den perfekten Wein zu machen …"

Auch bei der Verkostung des „Blaufränkisch Marienthal" – das Flaggschiff des Hauses aus der schönsten Riede, fruchtig, elegant und sehr mineralisch – hat die Großfamilie das letzte Wort.

Sohn Sebastian unterstützt den Vater in Marketing und Verkauf und ist unentbehrlich im Betrieb: „Ich bin der Allrounder in der Familie, durch meine Vielschichtigkeit und Neugierde habe ich das Verständnis entwickelt, von der Produktion bis zur Fertigstellung, von der Gans bis zum Wein."

Eigene Schafe, Hühner, Schweine und die Weidegänse aus eigener Haltung ergänzen nicht nur den Speisezettel der Großfamilie, sondern haben Maria Siess und ihrem Gutsgasthaus „Zum Herztröpferl" sogar den Titel „Genusswirt des Jahres" eingebracht. Und ihre Fischsuppe von Neusiedler-See-Fischen oder der Zander mit Paradeis-Risotto sind sowieso schon legendär.

Das gemeinsame Mittagessen ist der Großfamilie heilig, ist Genuss und Verbundenheit zugleich, und für Matthias Siess ein elementares Erlebnis.

„Genuss ist für mich ein gutes Tischgespräch mit gutem Essen, wichtig ist, dass sich die Leute unterhalten, miteinander reden, damit man die Freude des Genusses mit der Familie und Freunden teilen kann. Das hat den doppelten Wert …"

Weingut MAD – Haus Marienberg
Antonigasse 1, 7063 Oggau, Tel. +43(0)2685/7207
www.weingut-mad.at

Gutsgasthaus „Zum Herztröpferl"
Triftgasse 1, 7063 Oggau, Tel +43(0)2685/7258
www.herztroepferl.at

Weingut Esterházy

„Wie jeder Mensch birgt auch der Wein seine Eigenheit. Identität findet man sowohl im Wein als auch beim Menschen, aber um sie zu erleben, muss man sich mit der Kulinarik und den Menschen einer Region lange beschäftigen ..."
Stefan Tscheppe, General Manager

„Kein zweites Weinbaugebiet kann mit einer größeren Vielfalt an Böden und klimatischen Besonderheiten aufwarten wie die pannonische Region. See, Schilfgürtel und Leithaberge sind die unvergleichlichen Qualitäten des westlichen Neusiedler Sees. Diese Vielfalt verbindet uns mit den vielfältigen Persönlichkeiten, für die wir unseren Wein erzeugen ..."

Über Jahrhunderte haben die Fürsten Esterházy nicht nur das kulturelle und politische Leben Mitteleuropas geprägt, sondern auch dem Weinbau entscheidende Impulse gegeben. Untrennbar mit dem pannonischen Raum ist die Geschichte der Familie Esterházy verbunden. Bereits im 17. Jahrhundert bargen die Keller der Burg zu Eisenstadt fürstlichen Wein und im Jahre 1758 wurden sogar Pinot Noir-Reben aus der Burgund eingeführt und in den fürstlichen Rebgärten ausgepflanzt.

Über Jahrhunderte haben die Fürsten Esterházy auch dem Weinbau entscheidende Impulse gegeben.

Nicht nur Kaiserin Maria Theresia schätzte den Wein, der im milden Klima am See gedieh. Das „süße Gold der Esterházy", wie der Süßwein auch genannt wurde, hat immer eine bedeutende Rolle gespielt.

Joseph Haydn, der fast 30 Jahre lang als Kapellmeister der Familie Esterházy tätig war, ließ sich sogar einen Teil seines Gehaltes in Wein als Deputat ausbezahlen. Selbst der verwöhnte Geheimrat von Goethe ließ sich angesichts der flüssigen Schätze aus der Esterházy-Schatzkammer zum geflügelten Wort „Esterházy'sches Feenreich" hinreißen.

Einige der exzellenten Weinberge aus dieser Zeit zählen bis heute zu den Toplagen des Weingutes Esterházy. Die einzigartige Symbiose aus kalkhaltigen Böden und dem außergewöhnlichen, durch den Neusiedler See und die Pannonische Tiefebene beeinflussten beinahe mediterranen Klima bringt Weine von ausgeprägtem Terroir-Charakter hervor. „Damit der Charakter unserer Weine zu hundert Prozent ins Glas kommt, setzen wir auf Terroir, internationales Know-how und modernste Produktionstechnik. So bringen wir die Aromatik und Sortentypizität perfekt zur Geltung."

Internationale Erfahrung und Know-how bringt Stefan Tscheppe als General Manager im Weingut in höchstem Maße ein. Aufgewachsen am renommierten Weingut Tscheppe in der Südsteiermark, wurde ihm der Weinbau quasi in die Wiege gelegt, und bald übernahm Stefan Tscheppe die Vermarktung der eigenen Weine in der ganzen Welt, von Singapur bis in die USA.

Im Weingut in den Sierra Foothills, der Wiege des kalifornischen Goldrausches, hatte er zwar keine Zeit zum Goldschürfen, dafür regnete es Goldmedaillen für seine prämierten Weine. Diesen Erfolgsweg setzt er heute mit dem Weingut Esterházy fort!

In Trausdorf, mit Blick auf das Schloss Esterházy in Eisenstadt, steht das neue Esterházy-Weingut, hier wird Tradition mit der neuesten Vinifikations-Technik verbunden: „Das Bewusstsein dieser langen, reichhaltigen Kultur, die uns bei Esterházy täglich begleitet, inspiriert uns natürlich, diese Qualität kontinuierlich fortzusetzen. Unser Weingut ist ein offenes Haus, wo die Gäste unsere Philosophie sehr entspannt erleben und verkosten können …"

„Esterházy Cuvée Tesoro" ist das hochprämierte Flaggschiff, ein großer, edler Rotwein von internationaler Klasse, die Weine der „Estoras"-Linie ziert eine Abbildung des Ordens vom Goldenen Vlies als Auszeichnung für den Charakter mit typisch österreichischer Note und internationalem Anspruch. Und in den Weinen der „Leithaberg-DAC"-Linie spiegeln sich Genuss und Freude als Ausdruck der pannonischen Lebensart wider.

Und zum 250-jährigen Jubiläum präsentierte das Weingut den „Quinquin" in traditioneller Flaschengärung und mit feiner, animierender Perlage.

Das Wort „Quinquin" stammt übrigens aus dem Französischen und bedeutet so viel wie „liebenswürdiger Schelm" – in jeder Hinsicht ein animierender Genuss …

Weingut Esterházy

Trausdorf 1, 7061 Trausdorf an der Wulka, Tel. +43(0)2682/63348

www.esterhazywein.at

Mittelburgenland

Weingut K+K Kirnbauer

„Das Mittelburgenland hat die meisten Sonnenstunden Österreichs mit mindestens 300 Sonnentagen im Jahr, und durch dieses spezielle Mikroklima reift der Blaufränkisch, der einzigartig ist in Mitteleuropa, in diesem Gebiet zu hervorragender Qualität heran. Wo Mittelburgenland DAC draufsteht, ist Blaufränkisch drin!“

Walter Kirnbauer, Präsident Mittelburgenland DAC

Wir leben da, wo andere Urlaub machen.

„Das Mittelburgenland hat viele pannonische Einflüsse, die Küche ist würzig, pikant und hat auch eine gewisse Schärfe – sie ist so herzhaft wie die Bewohner des Mittelburgenlandes …“

Herzlichkeit und Gastfreundschaft werden großgeschrieben im Hause Kirnbauer, und die Kochkünste der Hausherrin Irmgard Kirnbauer sind ein offenes Geheimnis. „Ich koche à la Irmgard, immer mit ein wenig Schärfe!“ Alles wird mit Chili verfeinert, Irmgard setzt sogar ihre Öle und verschiedenen Gewürzmischungen mit Chili an. „Ich probiere gerne Neues aus“, so wie das Straußenfilet von der benachbarten Straußenfarm in Draßmarkt. „Das dunkle Straußenfleisch mit seiner leichten Süße passt perfekt zum Blaufränkisch!“

Auf Tischkultur legt sie großen Wert, wenn Gäste da sind oder die ganze Familie versammelt ist, wird große Tischkultur gelebt, da wird herzhaft getafelt und getrunken. „Das Mittagessen am Sonntag dauert in unserer Familie bis zum Abend, bis die Kinder ins Bett müssen …“

Inmitten der Weingärten, umringt von sanften Hügeln, umgeben von blühendem Oleander, vermittelt es ein wenig mediterranes Flair, das Weingut K+K Kirnbauer in

Deutschkreutz – und verzaubert den Gast mit dieser fröhlichen, beinahe schon südländischen Gastlichkeit.

Wenn man auf der Terrasse sitzt, mit dem herrlichen Blick auf den nur wenige Kilometer entfernten See, dann schwingt die Seele und man versteht die entspannte Lebenseinstellung des Mittelburgenlandes und seiner Bewohner. „Wir leben da, wo andere Urlaub machen", lacht Walter Kirnbauer.

Als Präsident des Mittelburgenland DAC weiß Walter Kirnbauer genau, wovon er spricht, hat er doch maßgeblich dazu beigetragen, dem „Blaufränkischland" sein unverkennbares Profil zu geben.

„Der Blaufränkisch mit seiner Dichte und den würzigen Aromen ist der ideale Speisenbegleiter zur pannonischen Küche. Würzig, fruchtig – unverkennbar Mittelburgenland."

Als Mittelburgenland DAC „Classic" findet man ihn fruchtbetont im traditionellen großen Holzfass oder im Stahltank ausgebaut, den Mittelburgenland DAC „Riede" kennzeichnet ein kräftigerer Blaufränkisch-Stil durch den Ausbau in gebrauchten Barriques, und die Mittelburgenland DAC „Reserve" bezeichnet die gehaltvollsten Blaufränkisch, ausgebaut in neuen kleinen Holzfässern mit beachtlichem Reifepotenzial.

Walter und Irmgard Kirnbauer sind Pioniere des Blaufränkisch, seit sie 1979 das Weingut mit den von den Eltern geerbten Weingärten kontinuierlich aufgebaut und zum Top-Weingut ausgebaut haben.

Schon 1985 wurde mit dem Ausbau im Barrique experimentiert, heute wird für die kleinen Eichenfässer teilweise Holz aus den eigenen Wäldern in Girm verwendet, einem Ortsteil von Deutschkreutz. „Dieses Holz ist unverwechselbar", erzählt Walter Kirnbauer, „im Girmer Barrique aus 80-jähriger Weißeiche reift unser Zweigelt aus den alten, 50-jährigen Weingärten."

Der ganze Stolz der Kirnbauers gilt dem Weingarten in der Riede „Goldberg" mit Blaufränkisch-Reben erster Qualität, der bereits 1947 von der Familie ausgepflanzt wurde. Mit dem 1997er „Blaufränkisch Goldberg" kam der große Durchbruch, heute ist er als „Mittelburgenland Goldberg Reserve DAC" ein preisgekrönter, perfekter Speisenbegleiter. Mittlerweile ist das Weingut Kirnbauer nicht nur berühmt für die Cuvée „Das Phantom" – ein Wein mit großem Zukunftspotenzial –, sondern auch international vielfach preisgekrönt für seine Weine.

Die wenige Zeit, die bleibt, genießen Irmgard und Walter: **„Genuss ist für uns, Urlaub zu machen in den besten Weinbauregionen der Welt. Überall dort, wo es gutes Essen, guten Wein und lustige Leute gibt, fühlen wir uns zu Hause …"**

Weingut K+K Kirnbauer
7301 Deutschkreutz - Rotweinweg, Tel. +43(0)2613/89722
www.phantom.at

Südburgenland

Wachter-Wieslers Ratschen und Weingut

„Die Verbundenheit zum Eisenberg ist ja bei uns stark ausgeprägt. Je mehr man in der Welt herumkommt, desto mehr schätzt man die Heimatregion. Jedes Mal, wenn wir über den Eisenberg fahren, ist für mich klar, es ist der schönste Platz der Welt …“

Franz Wachter

Eine Familienidylle am Eisenberg, das ist das Weingut Wachter-Wiesler.

Das Südburgenland eignet sich wie kaum eine andere Landschaft zum Loslassen, Treibenlassen, Genießen.

Wen es als Besucher hierher verschlägt, der beginnt zu träumen. Die Menschen hier haben noch Wurzeln, und die Landschaft ist geprägt von urwüchsiger Schönheit. Sanfte Hügel und weite Ebenen, bis hinein in die ungarische Tiefebene, so weit das Auge reicht, Weinidylle pur …

Eine Familienidylle am Eisenberg, das ist das Weingut Wachter-Wiesler – aus zwei Familien „zusammengewachsen“, denn beide Familien, Wachter und Wiesler, haben in der Region schon seit fünf Generationen Wein gekeltert. Seit 1990 werden die Weingärten gemeinsam bewirtschaftet, eine weise Entscheidung, die ihnen den Weg zu einem der höchstprämierten Weingüter des Südburgenlandes eröffnete.

Wer am Eisenberg als Weinbauer groß wird, den prägt der Weinberg. Dominant und ausgeprägt ist er, eine markante Erhebung in der Landschaft und so eigenwillig wie seine Bewohner.

„Am Eisenberg gibt es auf der einen Seite noch die alteingesessenen Winzer und Weine mit den traditionellen Rezepten, auf der anderen Seite auch junge, aufstrebende Winzer, die mit der alten Tradition spielen und sie verfeinern.“

Er ist einer dieser jungen, aufstrebenden Winzer, Christoph Wachter, „Newcomer des Jahres“ bei den Feinschmecker Wine Awards 2014 und „Winzer der Jahres“ bei der Trophée Gourmet im selben Jahr – das ist weitaus mehr als nur Talent, das ist schon eine reife Leistung.

Seit ihm vor einigen Jahren sein Vater Franz Wachter quasi die Kellerschlüssel in die Hand gelegt hat, verfolgt Christoph konsequent seinen Weg. „Wir machen alles gemeinsam, Weingarten und Kellerwirtschaft, aber die letzte Entscheidung hat Christoph. Er hat eine sehr genaue Vorstellung vom Wein-Typus, den er verwirklicht“, freut sich der Vater. Das Praktikum in Portugal bei Niepoort hat Christoph sehr geprägt und seinen Sinn für das Wesentliche geschärft:

„Der Boden macht den Wein. Der Wein ist am interessantesten, natürlichsten und authentischsten, wenn man erkennt, wo er gewachsen ist. Der Rebstock bringt alles mit, was der Wein braucht, man muss auf die Qualität der Trauben vertrauen und dem Wein seinen ursprünglichen Charakter lassen.“

Konsequenterweise haben Vater und Sohn das Weingut 2011 auf biodynamischen Betrieb umgestellt: „Wir greifen wieder auf alte Traditionen zurück, wie den Ausbau im großen Holzfass. Da ist der Charakter des Weines unverfälscht, denn unsere Böden und das Klima sind einzigartig.“

Für seine Blaufränkisch-Weine wählt Christoph bewusst die DAC-Kategorie, um deren regionstypische Herkunft zu betonen, vom „Béla-Jóska“ – nach den zwei Großvätern benannt – bis zu den Reserve-Weinen „Alte Reben“ und „Ried Weinberg“: „Pure Herkunft in der Flasche, damit sind die Weine unverwechselbar.“

Mitten in den Weinbergen, mit Blick ins Land, liegt der alte Wiesler-Keller. Hier hat Schwester Gerda Wiesler ein Juwel an Kulinarik und Wein sanft und behutsam in die Landschaft gestellt.

Die „Ratschen“, das ist der alte Name für den Weinberg mit dem wunderschönen Blick. Gemütlich ist es hier, urig auf höchstem Niveau, im schönsten Wortsinn. Es wird gekocht, was die Region frisch und authentisch zu bieten hat, und natürlich immer mit Wein. So wie die gebratene Wildschweinnuss, frisch aus Wald und Flur mit den berühmten Béla-Jóska-Nudeln. Die werden vom Bäcker im Ort handgefertigt, mit dem Rotwein, und in der Béla-Jóska-Sauce geschwenkt.

Ein unvergleichliches Gericht, so bodenständig und „wurzelecht“ wie die Menschen hier, so kräftig und geschmackvoll wie der Wein …

Wachter-Wieslers Ratschen und Weingut
7474 Deutsch Schützen 254, Tel. +43(0)3365/20082
www.ratschen.at, www.wachter-wiesler.at

Reinhold Krutzler
Weingut Krutzler

„Für mich ist wichtig, dass man dem Eisenberg den Stellenwert gibt, den der Boden, das Klima und die Menschen, die in der Region leben, widerspiegeln!“
Reinhold Krutzler

„Der Eisenberg schmeckt eher mineralisch, steinig, erdig, es ist ein karger Boden. Die Weine vom Eisenberg sind in der Jugend noch etwas verschlossen und öffnen nicht sofort ihre Aromen. Das sind Weine für Weinliebhaber, die es verstehen, einem Wein auch Zeit zu geben …“

Er zählt unbestritten zu den besten Rotwein-Winzern des Landes.

Reinhold Krutzler ist ein Kämpfer für den Eisenberg und dieses besondere Terroir, denn die Natur scheint hier mächtiger zu sein als anderswo, hier im südlichen Burgenland, unberührter, verwurzelter, ein letztes Paradies, der modernen Welt trotzend.

Der Winzer ist aus demselben Holz geschnitzt wie seine Weine. Gewächse, die voller Stolz ihren Charakter und ihre Herkunft zeigen, ausdrucksstarke, ernsthafte Rotweine, die dem Verkoster einiges an Geduld und Demut abverlangen. „Jeder unserer Weine zeichnet sich durch Eleganz, Geschmeidigkeit und besonders feine Mineralik aus. Wir versuchen, die einzigartige Textur, die feine Frucht und die Finesse, die unsere Region hervorbringen, in jedem einzelnen Wein herauszuarbeiten.

Mit zunehmender Reife erfreuen unsere Weine den Gaumen mit Geschmeidigkeit und Eleganz."

Reinhold Krutzler ist kompromisslos, macht keine gefälligen „Modeweine", sondern sieht sich als „Weinbegleiter", dessen beste Weine nach jahrelanger Reifung und auf höchstem Niveau Boden und Klima ihres Ursprungs widerspiegeln.

Und er zählt unbestritten zu den besten Rotwein-Winzern des Landes.

Schon Vater Hermann hat vor 40 Jahren erste Qualitätsweine mit eigener Stilistik abgefüllt, denn das Weingut Krutzler, bereits in der fünften Generation als Familienbetrieb geführt, arbeitet schon seit Jahrzehnten traditionell fast ausschließlich mit Rotwein, Lebensmittelpunkt ist der Blaufränkisch.

Die Rebanlagen sind zum Teil ein halbes Menschenleben alt wie die Lagen am Eisenberg und in Deutsch Schützen mit ihren mineralischen, eisenhaltigen Lehm- und Blauschieferböden. Dieses Terroir bringt kraftvolle Weine mit großer Eigenständigkeit und Charakter hervor.

Daher ist es kein Wunder, dass auch Reinhold diesen Pioniergeist im Blut hat und bereits in den 90er-Jahren gemeinsam mit seinem Vater und Bruder Erich das Flaggschiff des Betriebes kreierte, den „Perwolff", benannt nach einer alten Bezeichnung für Deutsch Schützen. Ein Wein, der vom ersten Jahrgang 1992 bis heute maßgeblich zur österreichischen Rotwein-Erfolgsgeschichte beigetragen hat. Vielfach national und international ausgezeichnet, ist er das Blaufränkisch-Aushängeschild des Weinguts, aus bis zu 50 Jahre alten Rebstöcken von den besten Lagen am Eisenberg.

Er ist ein finessenreiches Musterbeispiel für einen Blaufränkisch mit typisch südburgenländischem Tiefgang: „Die Stilistik der Weine hat sich geändert, sie sind authentischer, puristischer und markanter geworden, mit mehr Persönlichkeit."

Für Terroir und Persönlichkeit steht für den Winzer auch der Blaufränkisch DAC: „Die Zukunft geht dahin, in 20 bis 30 Jahren sagen zu können, Blaufränkisch und Eisenberg ist eine Erfolgsgeschichte, auch international …"

Reinhold Krutzler ist ein Sinnesmensch. So vielfältig und aromareich wie seine Weine, so muss auch das Essen sein, ein Erlebnis am Gaumen und ein Spiel mit den Sinnen, ob herzhafte Eintöpfe oder eines seiner Lieblingsgerichte, der Hirschbraten.

Getrunken wird im Hause Krutzler, wen wundert's, Rotwein, und das beinahe ausschließlich.

Und die südburgenländische Ente, nach einem alten, traditionellen Rezept von der Ratschen, die wird erst so richtig würzig mit einem Schuss Rotwein, am schönsten mit dem „Blaufränkisch DAC Reserve" vom Eisenberg:

„Da spürt man die Saftigkeit und Klarheit der Bodenaromatik in jedem Glas …"

Weingut Krutzler
7474 Deutsch Schützen 84, Tel. +43(0)3365/2242
www.krutzler.at

Mathias Jalits
Weingut und Gästehaus Jalits

„Wir sind ein Gebiet am letzten Zipfel, am Rand, und sind in den letzten Jahrzehnten ein bisschen stiefmütterlich behandelt worden. Durch den Eisenberg DAC haben wir jetzt eine Bühne bekommen, wo wir die Vorzüge unseres Gebietes aufzeigen können!“
Mathias Jalits, Obmann Eisenberg DAC

Der Eisenberg, der Weinberg, er dominiert das Landschaftsbild, aber auch die Weine. Ein nach Südosten hin offener Kessel, der das warme Klima aufnimmt und wiedergibt. Schon der Name verrät die schweren, eisenhaltigen Böden, tiefe, dunkle Schieferböden erstrecken sich bis zur ungarischen Tiefebene, Erde so kraftvoll wie die Weine, körperreiche, mineralisch-extraktreiche Rotweine. Originäre, eigenständige, um nicht zu sagen eigenwillige Weine, welche die Lage, den Boden und ihre Winzer perfekt widerspiegeln. Die jungen Winzer sind es, die der Tradition trotzen und dem Boden, dem Eisenberg eine neue Lebendigkeit einhauchen, tiefgründig und doch voll Finesse.

Seine große Liebe gilt der Cuvée, er ist ein Meister der Cuvée.

Einer dieser engagierten Erneuerer ist Mathias Jalits, Jungwinzer am Eisenberg in der fünften Generation.

Aufgewachsen im Wirtshaus der Eltern mit angrenzendem kleinen Weinbau, wollte er eigentlich nach der Absolvierung der Hotelfachschule in Oberwart hinaus in die weite Welt.

Doch nach über einem Jahr in der Gastronomie kam die große Einsicht: „Durch die Weinverkostungen mit den Gästen habe ich einen anderen Zugang zu Wein bekommen. Da ist in mir der Entschluss gereift, Winzer zu werden!" Das Interesse war geweckt, und so drückte Mathias in der Weinbauschule Eisenstadt mit knapp 20 Jahren zum zweiten Mal die Schulbank.

Als er im Jahr 2000 als ausgebildeter Weinbau- und Kellermeister dann das Weingut der Eltern übernahm und die ersten, im wahrsten Sinn des Wortes einschneidenden Veränderungen vornehmen wollte, da hing der Familiensegen anfangs schon ein wenig schief: „Bis vor 15 Jahren war es in kleinen Betrieben so, dass die Masse vor der Klasse gestanden ist, je mehr Ertrag im Weingarten, desto besser. Aber ich wollte qualitativ hochwertige Weine machen, und da muss man schon im Weingarten anfangen. Also habe ich begonnen, die Trauben auszudünnen, ‚auf den Boden zu schneiden'. Meine Eltern waren damals auf Urlaub, aber die Nachbarn haben meinen Großvater angerufen, da hat es ziemliche Aufregung gegeben, der Bub ist verrückt geworden, die schönsten Trauben liegen im Gras …

Wir haben diese Trauben dann aber extra verarbeitet, und in der Familie hat sich ziemlich schnell die Überzeugung durchgesetzt, dass der Weg so richtig ist!"

Schon sein erster Jahrgang brachte Mathias Jalits eine Falstaff-Prämierung für seinen Blaufränkisch vom Eisenberg und neue weinbegeisterte Kunden. Behutsam vergrößerte Mathias die Weinbauflächen und erweiterte die Sortenvielfalt um Cabernet Sauvignon, Pinot Noir und Weißburgunder.

Doch seine große Liebe gilt der Cuvée, er ist ein Meister der Cuvée, vom Blaufränkisch, versteht sich, den er mit besonderer Sorgfalt als Lagen-Cuvée vom Eisenberg vinifiziert. Aus der Lage „Seibritz", vom Steinberg, kommt das Mineralische, die Lage „Reihburg" mit den dichten, fetten Böden gibt die saftigen Tannine, und die vierjährige Junganlage „Vollwind" bringt die frische Fruchtigkeit in diese Weine.

Und weil ihm die Sorte Blaufränkisch so wichtig ist, hat er mit der Vergrößerung des Betriebes begonnen und den Keller neu ausgebaut.

Mathias Jalits legt Wert auf authentische Weine aus einer authentischen Region, weshalb er folgerichtig auch zum Obmann des Eisenberg DAC gewählt wurde: „Ich habe von Anfang an die Idee des Eisenberg DAC mitgetragen und mitgestaltet. Der Eisenberg DAC ist etwas Einzigartiges.

Das Besondere sind die Böden, denn durch den späten Reifezeitpunkt entwickelt sich das Frucht-Säure-Spiel frischer und mineralischer. Das wollen wir herausarbeiten und zeigen, so schmeckt das Südburgenland …"

Weingut und Gästehaus Jalits
Untere Dorfstraße 16, 7512 Badersdorf, Tel. +43(0)664/33 038 27
www.jalits.at

Steiermark

Süd-Oststeiermark

Retter Seminar · Hotel · Restaurant

„Die Süd-Oststeiermark riecht nach Kräutern, Wald und Wiesen. Wir haben eine barocke Üppigkeit, ein meranisches Klima, da wachsen sogar Maroni. Bei uns sieht man die Natur nicht nur, sondern man schmeckt sie auch auf dem Teller!"

Ulli Retter

Die Stille und Ruhe bei uns im Pöllauer Tal sprechen am lautesten die Seele unserer Gäste an.

„Die Fülle unserer Region drückt sich in sehr intensiven Aromen aus, denn Obst und Gemüse reifen hier wirklich aus, zum vollen Geschmack …"

In einem Naturparadies inmitten des Naturparks Pöllauer Tal, eingebettet in einen dieser Südhänge, da liegt das Seminar- und Wellness-Hotel Retter.

Schließen Sie die Augen und stellen Sie sich vor, Sie hätten Zeit.

Vielleicht ein paar Tage Zeit zum Genießen, Zeit, die steirische Kulinarik mit den Köstlichkeiten des Pöllauberger Naturparks zu entdecken und den Abend bei einem Fünfgangmenü mit biologischen Köstlichkeiten und Weinbegleitung ausklingen zu lassen. Dann sind Sie angekommen bei einem der besten Gastgeber der Süd-Oststeiermark …

Das Pöllauer Tal liegt an der Römerweinstraße und ist der nördlichste Ausläufer der Weinbauregion Oststeiermark. Bereits im Mittelalter waren hier die Südhänge mit Weingärten bepflanzt und nur die edelsten Tropfen fanden den Segen als Messwein im Pöllauer Dom oder in der berühmten Wallfahrtskirche am Pöllauberg.

Die Retters sind „BIO-niere" und führen die Landwirtschaft und Obstgärten rund um das Hotel seit mehr als 20 Jahren voll biologisch. Auch die Küche bleibt im Dorf, werden doch seit 2004 alle Köstlichkeiten aus biozertifizierten, regionalen Lebensmitteln liebevoll zubereitet, was dem Restaurant Retter sogar eine Haube im Gault Millau eingebracht hat.

Vom Hotelrestaurant, von den Frühstücksterrassen und den Naturparkzimmern genießt man einen sagenhaften Ausblick ins oststeirische Hügelland. Steirisches Vollholz, warmes Licht und Kräuterkissen sorgen für Wärme und Geborgenheit in den Blüten-Blätter-Zimmern, den Gartensuiten, den Turmzimmern und den Wald-Wiesen-Zimmern. Bei Naturparkführungen, Bachbett- und Vogelstimmen-Wanderungen am Wochenende erfahren die Gäste mehr über den Naturpark Pöllauer Tal, denn Gastgeberin Ulli Retter möchte ihren Gästen das Eingebettetsein in dieser unberührten Landschaft, in diesem Naturparadies näherbringen: „Die Stille und Ruhe bei uns im Pöllauer Tal sprechen am lautesten die Seele unserer Gäste an."

Morgens führt Ulli Retter ihre Gäste entlang von Weingärten zur berühmten Marien-Wallfahrtskirche am Pöllauberg. Sie ist überzeugt, dass hier Wünsche in Erfüllung gehen. Wünsche gehen bei den „Kuschel und Romantik"-Angeboten aber in jedem Fall in Erfüllung, und bei den speziellen Genuss-Angeboten lassen die Gäste im Garten der Sinne die Seele baumeln.

Verkosten mit der charmanten Gastgeberin oder dem Sommelier des Hauses traubige Besonderheiten im alten Weinkeller und im Wein(t)raum, genießen köstliche Schmankerln aus biozertifizierten, rein regionalen Produkten und wandern auf bemoosten Wegen zur benachbarten Buschenschank. Ein Genusserlebnis für alle Sinne …

Eintauchen können die Gäste in das erdende und belebende Energiefeld im Wellnessreich „Bewusst-Sein" auf 1200 m² mit seinen natürlichen Materialien wie Lehm, Glas und Holz, in der Naturparksauna-Landschaft mit Naturschwimmteich und beheizten Innen- und Außenpools. Und weil so viel Entspannung auch hungrig macht, gibt es tagsüber Herzhaftes aus heimischen biozertifizierten Lebensmitteln der Genussregion Pöllauer Hirschbirne und der Römerweinstraße. Bereits elfmal wurde das Hotel Retter am Pöllauberg, dessen gesamten Seminar- und Hotelbereich Feng-Shui-Experten und Geomanten entwickelt haben, bestes Seminarhotel Österreichs. Und 2014 wurde der ökologische Weitblick der Retters sogar mit dem Titel „Hoteliers des Jahres" belohnt.

Ein Erfolg, der sich auch in Ulli Retters Leitsatz widerspiegelt: „Es geht im Leben nicht darum, perfekt zu sein. Es geht darum, jeden Tag besser zu werden …"

Retter Seminar · Hotel · Restaurant
Pöllauberg 88, 8225 Pöllauberg, Tel. +43(0)3335/26 90
www.retter.at

Karl Breitenberger

Urbanus-Winzer

„Mit dem Urbanus wollen wir die Leichtigkeit unserer Weine den Menschen näherbringen. Die Weine öffnen sich so leicht wie die Menschen der Region, jede Begegnung ist ein besonderes Erlebnis!“
Karl Breitenberger

„Urbanus“ – der Wein der Oststeirischen Römerweinstraße ist Kultur pur. Von Bad Waltersdorf über Hartberg bis nach Gleisdorf führt die Oststeirische Römerweinstraße durch die reizvolle Hügellandschaft und folgt dabei den 2000 Jahre alten Spuren des Weinbaus der Römerzeit.

Überall laden freundliche Buschenschenken ein, neben dem Wein auch die kulinarischen Köstlichkeiten der Gegend zu verkosten. Unter der Weinlaube oder im Kellergewölbe genießt man typische Weinsorten wie Welschriesling, Schilcher oder Zweigelt.

Ganz besonders empfiehlt sich ein Besuch in den Weinkellern der „Urbanus“-Winzer der Oststeirischen Römerweinstraße. Rund 25 engagierte Winzer halten hier die alte römische Tradition in Ehren und produzieren gemeinsam als geschützte Marke einen ganz besonderen Wein, den „Urbanus“, einen jungen, frischen und fruchtigen Wein.

Wir versuchen, die uralte Tradition der Römer hochzuhalten, und bekennen uns auch in unserem Auftritt zur Römerweinstraße.

Er ist eine Regionalmarke und wurde kreiert, um als Gemeinschaft eine eigene Identität zu schaffen und sich damit von den etablierten steirischen Weinbaugebieten abzuheben, erklärt Obmann Karl Breitenberger: „Unser wichtigster Wein an der Römerweinstraße ist der ‚Urbanus'. Der ‚Urbanus' ist ein leichter, trockener, duftiger Wein, der unserer Region entspricht. Das kann ein leichter Mischsatz sein, das kann ein trockener Wein sein. Mit dem ‚Urbanus' wollen wir die Leichtigkeit unserer Weine den Menschen näherbringen. Die Weine öffnen sich so leicht wie die Menschen der Region, jede Begegnung ist ein besonderes Erlebnis!"

Die Namensgebung erfolgte zu Ehren des Weinpatrons Papst Urbans I., dessen Pontifikat von 222 bis 230 n. Chr. dauerte und somit genau in die Zeit fällt, aus der die meisten römerzeitlichen Funde entlang der Oststeirischen Römerweinstraße stammen.

Dieser neue Wein trägt daher auch ein besonderes Etikett, welches Papst Urban I. zeigt.

Jedes Jahr zu Maria Lichtmess treffen sich die „Urbanus"-Winzer, um altes Wein-Brauchtum zu pflegen. Stilecht gekleidet wie die alten Römer, versammeln sie sich vor einer großen Feuerstelle, um ihren neuen Jahrgangswein zu weihen und einer ersten Feuerprobe auszusetzen. Karl Breitenberger, Obmann der „Urbanus"-Winzer, ist zu Recht stolz auf seine Weine:

„Wir versuchen, die uralte Tradition der Römer hochzuhalten, und bekennen uns auch in unserem Auftritt zur Römerweinstraße!"

Bei der anschließenden großen Feier fließt der „Urbanus" in Strömen und die Weinbauern an der Oststeirischen Römerweinstraße lassen sich gerne in die Keller schauen und bieten zu diesem Anlass auch Kellerführungen oder Weinverkostungen der noch jungen Weine.

Wie bei vielen der „Urbanus"-Winzer gehört auch das Weingut Breitenberger zu den ausgezeichneten Buschenschenken der Steiermark.

Denn auf den Hängen des Kaibingberges wächst ein ganz besonderer Wein, seit Generationen erzeugt die Familie Breitenberger hier die typisch duftigen südsteirischen Qualitätsweine, von Welschriesling und Sauvignon Blanc über Morillon, Ruländer und Zweigelt bis zum Traminer, viele davon schon ausgezeichnet und prämiert.

Eine eigene Fleischproduktion, das ausgesuchte Käsesortiment vom Weizer Schafbauern und die liebenswerte Gastfreundschaft, gepaart mit Livemusik, Kellerführungen oder Weinseminaren, machen jeden Buschenschankbesuch zu einem Erlebnis!

Und weil der „Urbanus" ja bei jedem Betrieb anders schmeckt, sollte man sich diesen vielfältigen Genuss auf keinen Fall entgehen lassen …

Weinbau und Buschenschank Karl Breitenberger
Kaibing 71, 8221 Kaibing, Tel. +43(0)3113/8771
www.breitenbergerwein.at

Vulcano Schinken

„In Wirklichkeit verändert das Tun die Welt und nicht das Reden …“
Franz Habel

„Wenn man eine Idee hat, dann ist es für mich wichtig, nicht nur darüber zu reden, sondern es einfach zu tun …“

Franz Habel ist ein Visionär und mit der ihm eigenen Tatkraft macht er manchmal das Unmögliche möglich. „Wer keinen Mut zum Träumen hat, hat keine Kraft zum Kämpfen, weil die Visionen fehlen.“

Wer keinen Mut zum Träumen hat, hat keine Kraft zum Kämpfen, weil die Visionen fehlen.

Die größte Vision des engagierten Landwirtes, die „Vulcano Fleischwarenmanufaktur“ in Auersbach bei Feldbach, ist eine einzigartige Genussmanufaktur. Hier, mitten im sanft hügeligen Vulkanland der Oststeiermark, im Herzstück, da, wo die Seele des Vulkans lebt, werden feinste Edelprodukte kreiert, um den Gaumen der Feinschmecker zu erfreuen. Es ist ein genussvolles Beispiel für das regionale Miteinander von Wein und Genuss.

Bereits im Jahr 2000 haben sich Bettina und Franz Habel mit Partnern zusammengeschlossen, um gemeinsam eine Vision zu verwirklichen: den besten Schinken der Welt herzustellen.

Im selben Jahr wurde der erste Schinken erzeugt und seither bestätigen zahlreiche Auszeichnungen den fleischigen Weg: „Als Qualitätsfanatiker gehen wir weiter: Wir wollen zu den Besten der Welt gezählt werden."

Die Schweine werden speziell gefüttert und sind das Ergebnis einer Kreuzung aus Duroc- und Edelschweinen. Die besondere Fütterung mit viel Getreide lässt das Vulcano-Schwein langsamer wachsen und ist der Grund für die sehr feine Konsistenz des Fleisches und die zarte Marmorierung des Fettes.

Bei hohen Temperaturen reifen die „Vulcano Schinken" durch Lufttrocknung über lange Zeit, mindestens aber 15 Monate, zu ihrem unvergleichlichen Geschmack heran.

Das Geheimnis der einzigartigen Schinken liegt aber nicht nur in ihrer Reifung, sondern auch in ihrer Würze, wie Franz Habel erklärt: „Der Geschmack ist typisch für die Gegend, sanfte Hügel und ein mildes Klima, so sind auch unsere Schinken, rund und mild am Gaumen, nicht zu würzig, sondern aromatisch und weich im Geschmack.

Vulcano wird mit nur wenig Meersalz und Steinsalz von Hand bearbeitet, das ist für uns sehr wichtig. Wir wollen den feinen Geschmack hervorheben, Fleisch hat ja über 100 Aromastoffe!

Unsere hauseigene Gewürzmischung mit nur wenigen Kräutern wie Rosmarin, Koriander und Wacholder verleiht dem Vulcano die einzigartige, unverkennbare Note …"

Unnachahmlich ist auch die „1. Luftgetrocknete Salami", jahrelang gereift in Franz Habel als Idee: „Ich habe einen Geschmack im Kopf, ich weiß genau, was zusammenpasst, ich habe auch den Geschmack der Schinken im Kopf!"

Wenn der Schinken das Haus verlässt, ist er zu einer vollendeten Delikatesse herangereift, geschaffen, um den Gaumen zu erfreuen und den perfekten Genuss zu bereiten.

Die neue Schinkenwelt „Vulcano Ursprung" entführt an die Quelle des Geschmacks und präsentiert die Welt des Schinkens als ein Reich der Sinne. Auf zwei Etagen und über 1.000 m² tauchen die Besucher ein in eine aromatische Welt feinsten Schinkens und erfahren alles über das Geheimnis dieser veredelten Delikatesse – bei Führungen, die die einzelnen Schritte der Produktion, Verarbeitung und Reifetechnik veranschaulichen.

Die Schinkenbar, eine Gourmetinsel mit Genussbar zur Verkostung der Vulcano-Delikatessen unterschiedlicher Reifegrade und einer Terrasse in den Baumkronen, führt die Bereiche Essen und Trinken zu einer perfekten Harmonie zusammen.

Und die „VULCANOthek" im Herzen Wiens ist ein Genussreich für Schinken- und Weinliebhaber – Fleischeslust trifft Weinkultur …

Vulcano Fleischwarenmanufaktur
Eggreith 26, 8330 Auersbach, Tel. +43(0)3114/2151
www.vulcano.at

Südsteiermark
Schloss Gamlitz

„Wir sind Ihre Gastgeber aus Begeisterung."
Familie Melcher

Ein Himmelreich aus Hügeln und Weingärten, umgeben von Kürbisfeldern und kühlen Wäldern, fast schon mediterran, mit steilen Rebzeilen – das ist die Südsteirische Weinstraße. Von Spielfeld, Ehrenhausen und Gamlitz führt sie in einem sanften Auf und Ab vorbei an Ratsch nach Leutschach und Eichberg-Trautenburg. Dazwischen schmale, kurvige Straßen, die einen leicht die Orientierung verlieren lassen, aber immer zu verträumten Weinlauben und sonnigen Terrassen führen …

Hier liegt Schloss Gamlitz, ein charmantes Wohlfühl-Refugium, das Ambiente ist mediterran geprägt und der farbenfrohe Schlosshof mit blühenden Blumen und Sträuchern lädt zum Verweilen ein. Die Gastfreundschaft ist legendär, fast familiär, hier regiert die Lebenslust …

Die Gastfreundschaft ist legendär, fast familiär, hier regiert die Lebenslust.

Bis ins Jahr 1111 reicht die Tradition des Schlosses zurück und schon damals stand der Weinbau im Mittelpunkt, denn der Messwein für das Stift St. Paul im Kärntner Lavanttal wurde in den Gamlitzer Weinkellern gekeltert. Im Verlaufe der Jahrhunderte wechselten mehrmals die Eigentümer, Ende des 19. Jahrhunderts erwarb Familie Melcher das Schloss Gamlitz.

Seit der Landesausstellung „Weinkultur" 1990 verfügt das Schloss über ein eigenes Weinmuseum mit interessanten Exponaten zu Wein und Weinbau in der Steiermark.

Der historische Weinkeller mit seinem romantischen Gewölbe ist eine wahre Schatzkammer. Schloss und Weingut präsentieren ihre Schönheit als Refugium für Feinschmecker, als erste Adresse, um die Sonnenseiten des Lebens zu genießen.

Denn hier werden kulinarische Köstlichkeiten kredenzt, beste Qualität aus der Region, darauf legt Fritz Melcher allergrößten Wert: „Früher, als es noch keinen Kühlschrank gegeben hat, haben die Leute mit den Lebensmitteln der Region gekocht und im Jahresrhythmus gelebt."

Den üppigen Gemüse- und Kräutergarten hat Jolanda Melcher vor vielen Jahren selbst angelegt, als sie als junges Mädchen der Liebe wegen aus Italien auf Schloss Gamlitz kam: „Die Leute haben gestaunt, welche Pflanzen und Kräuter in meinem Garten wachsen, denn sie kannten weder Zucchini noch Fenchel noch Radicchio. Da habe ich mir die Samen aus Italien besorgt und das Gemüse selbst angebaut für die große Familie und die Mitarbeiter."

Ihr erklärtes Lieblingsrezept ist eine gelungene Verschmelzung aus alter steirischer Tradition und mediterranem Lebensgefühl. Die „Aufg'setzte Henn' wird da zur „beschwipsten Henne" mit mediterranen Kräutern und Gemüse wie Rosmarin, Zucchini und Feigen aus dem eigenen Garten.

Auch der Chardonnay für das Rezept kommt aus dem eigenen Weingut, die Weingärten liegen hauptsächlich in der Riede „Sonneck" und die Leitsorte des Betriebes ist der hervorragende Sauvignon Blanc, der gerade in der Südsteiermark zum Spitzenwein heranreift.

In der Vinothek des Schlosses findet man herrliche Sauvignon-Blanc-, Muskateller- und Traminer-Jahrgänge zurück bis in die 50er-Jahre. Gerade diese Weine präsentieren sich auch heute noch in einem sagenhaften Zustand. „1942 hat mein Vater Sauvignon Blanc gepflanzt und eigene Klone entwickelt. Der Wein von diesen Rebstöcken heißt ‚Alte Rebe'!"

Gut, dass man hier auch übernachten kann, die herrschaftlichen Zimmer im Landhausstil, gefühlvoll in verschiedensten Stilrichtungen ausgestattet, laden zum Residieren und Träumen ein. Und weil Schloss Gamlitz seit jeher Musiker und Maler, Theatermacher, Dichter und Denker in seinen Bann zieht, setzt Sohn Arnold Melcher diese Tradition mit dem „Summertime-blues"-Festival im Sommer fort, mit Lounge-Area, toller Musik, kultigen Cocktails und feinen kulinarischen Köstlichkeiten:

„Es ist ein charmantes Festival für Erwachsene!" Charmant und entspannt wie das Schloss selbst …

Schloss Gamlitz / Familie Melcher
Eckberger Weinstraße 32, 8462 Gamlitz, Tel. +43(0)3453/23 63
www.melcher.at

Walter Polz
Gut Pössnitzberg

„Wenn man in den Hügeln der Südsteiermark ein Glas ‚Brut Blanc' genießt, dann versteht man das mediterrane Flair dieser Region ..."
Walter Polz

Hier am Gut Pössnitzberg beginnt der Süden. Dort, wo der Tag mit einem Lächeln beginnt. Es ist das Lächeln der Sonne, die zu langen Spaziergängen durch herrliche Landschaften einlädt. Und mittendrin liegt das Gut Pössnitzberg, wo die Familie Polz und Hausherr Thomas Prenneis nicht nur außergewöhnliche Gastfreundschaft, sondern auch südsteirische Genusskultur in aller Vielfalt bieten: „Die Südsteiermark hat primär eine deftige, traditionsreiche Küche, man denke nur an Verhackertes und Käferbohnen mit steirischem Kernöl und hausgemachtem Brot oder das steirische Backhendl. Aber andererseits verwendet man in der südsteirischen Küche viele Kräuter und reifes, aromatisches Gemüse, das den Gerichten wieder eine gewisse mediterrane Leichtigkeit verleiht!"

Entspannen und sich wohlfühlen, das kann der Gast im idyllischen Gut Pössnitzberg.

Der Kreuzwirt am Gut Pössnitzberg, als offenes Wirtshaus geführt, besinnt sich auf den steirischen Ursprung, mit einer bodenständigen und regionalen Küche ohne Schnörkel, einfach gut zubereitet, mit hochwertigen Produkten aus heimischer ökologischer Landwirtschaft.

In seinem entspannten Qualitätskonzept setzt der neue Hausherr Thomas Prenneis auf frische Zutaten aus dem hauseigenen Kräuter- und Gemüsegarten. Aus dem Gastraum blickt man auf die Hügel der Südsteiermark mit ihren unzähligen Weingütern bis hin zur Koralpe und in das benachbarte Slowenien. „Der Pössnitzberg ist ein Kleinod, der atemberaubende Sonnenuntergang und die Weite des Horizonts in diesen sanften Hügeln, das ist ein Ort der Entschleunigung für unsere Gäste …"

Entspannen und sich wohlfühlen, das kann der Gast auch im idyllischen Gutshotel am Pössnitzberg, sich so richtig rundum verwöhnen lassen …

Wahre Genusskultur lebt von der Vielfalt, dem Eigenständigen und Unverwechselbaren – und so ist am Pössnitzberg nicht nur der Kreuzwirt zu Hause, sondern auch der Sekt der Familie Polz.

Schon vor mehr als 40 Jahren für die Sektproduktion konstruiert und gebaut, war die Vision der Brüder Polz, diesem Weingut seine ursprüngliche Bestimmung zurückzugeben. Denn durch die Wertschätzung guten Champagners ist auch die Leidenschaft für das Handwerk der „méthode traditionelle" entflammt. Im Jahr 2006 begann Walter Polz mit der Fertigung des „Polz Brut Rosé", gefolgt 2007 vom Ausnahmeprodukt „Polz Brut Blanc".

Eine außergewöhnliche Sektmanufaktur sollte es werden, in der einzigartige Sektspezialitäten die Ruhe finden, die sie für ihre Reifung und den unvergleichlichen Charakter benötigen: „Ich will ein hochwertiges Produkt kreieren, das für die Südsteiermark steht. Für mich ist wichtig, dass der Sekt diese Eleganz hat ohne Üppigkeit, dass er am Gaumen feines Mousseux zeigt und trotzdem ein lebendiges Getränk ist!"

Die Flaschengärung und die lange Hefelagerung – zwei bis drei Jahre und länger – am Gut Pössnitzberg verleihen dem Sekt seine Weichheit und Eleganz. Grundvoraussetzung dafür ist ein leichter, duftiger Grundwein, wie ihn eben nur die Südsteiermark hervorbringt.

„Die Südsteiermark ist anders, weil wir das einzige kleine Weinbaugebiet sind, wo man das mediterrane Klima auch im Alltag spürt, beim Essen, in der Buschenschank, beim Wein!"

Und so wird beim Kreuzwirt das berühmte steirische Backhendl auch mit einem Schuss „Brut Blanc" serviert, eine prickelnde und duftige Kombination am Gaumen.

Es ist diese Leichtigkeit, die Walter Polz so fasziniert: **„Ich möchte mit unserem Sekt eine gewisse Lebensfreude ausdrücken, die Leichtigkeit des Seins in exzellenter Qualität genießen …"**

Gut Pössnitzberg, Erich und Walter Polz
Pössnitz 168, 8463 Glanz an der Weinstraße, Tel. +43(0)3454/205
www.poessnitzberg.at

Nora Trierenberg

Weingut Georgiberg

„Der Georgiberg ist für mich die Verwirklichung eines Lebenstraums, weil ich die Arbeit mit der Natur, die kreative Arbeit, Wein zu machen, sehr liebe ...“
Nora Trierenberg

Ein Panorama pittoresk und malerisch, fast schon mediterran – hier, an der Südsteirischen Weinstraße, liegt das Weingut Georgiberg und gilt seit Jahrzehnten als eine der ersten Lagen im Südsteirischen Weinland. Eingebettet in den romantischen Talkessel des Wielitschbaches in Berghausen, ruht es umgeben von sanften Weinbergen, grünen Wäldern und stillen Teichen. Der Boden und das warme illyrische Klima bilden die besten Voraussetzungen für herausragende Weine.

Wir haben einen Berg versetzt, wir haben ein Tal zugeschüttet und fast 10.000 Fuhren Erde bewegt!

Schon im Jahr 1777 wurde der Grundstein zum Weingut am Georgiberg gelegt, ein Schild auf einer alten Kellertüre erzählt noch heute davon.

In den 70er-Jahren wurde das Weingut Georgischlössl für seine herausragenden Rotweine bekannt, denn sein Besitzer, Günther Wagner, „der rote Baron“, setzte Cabernet-Sauvignon-Rebstöcke aus der Rebschule des berühmten italienischen Autobauers Ferruccio Lamborghini in den Weingärten aus und holte aus Frankreich besondere Merlot- und Pinot-Noir-Reben.

Die damals ausgepflanzten Weingärten sind noch heute die Grundlage für den hohen Anteil an exklusiven roten Rebsorten im Weingut, von erstklassiger, geradezu einzigartiger Qualität in der Steiermark. Das belegen die vielen nationalen und internationalen Auszeichnungen.

2008 übernahm die Familie Trierenberg das Weingut, um die Tradition unter dem Namen „Weingut Georgiberg" erfolgreich fortzuführen. Nora Trierenberg besuchte 2008 die Weinbauschule Silberberg und ist seither verantwortlich für die Weingärten und die Vinifizierung.

Die Liebe zum Wein wird hier von ganzem Herzen gelebt: „Wein ist lebendig, wie Kinder, du musst ihn erziehen im Weingarten, und er kommt in die Pubertät wie Kinder, und es gibt Zeiten, da verzweifelt man schon. Aber man muss die Geduld und die Liebe haben, ihn reifen zu lassen, man darf den Wein in kein Korsett stecken, sondern muss ihm seinen eigenen Charakter lassen …"

Charakter haben sie, die Weine vom Georgiberg, auf tiefgründigem Sand, Muschelkalk und Schlier reifen hochwertige Weißweine wie Welschriesling, Gelber Muskateller, Weißburgunder, Grauburgunder, Traminer, Morillon und Sauvignon Blanc. Neben den klassisch-fruchtigen Weinen werden auch charaktervolle und unverwechselbare Lagenweine ausgebaut.

Doch die besondere Liebe von Nora Trierenberg gehört den Rotweinen – Zweigelt, Pinot Noir, Merlot und Cabernet Sauvignon: „Wir wollen den steirischen Rotwein ins rechte Licht rücken, denn gerade er ist eine wunderbare Überraschung für jeden Genießer."

2013 wurde das Weingut in großem Stil umgebaut, erweitert und neu gestaltet: „Wir haben einen Berg versetzt, wir haben ein Tal zugeschüttet und fast 10.000 Fuhren Erde bewegt!"

Der neue Weinkeller erstreckt sich nun über zwei Etagen. Das Önologium, ein neuartiger Info- und Sinnesraum, bietet Spannendes und Interessantes zum Thema Wein. Vom Georgiberg-Bistro über den Shop bis zum Laubengang und Park entstand eine neue einzigartige Genusswelt.

Nora Trierenbergs neuestes Liebkind ist die „Georgiberg-Essenz", ein Strohwein aus Traminer und Zweigelt, acht Monate auf Schilf gereift: „Das ist eine Rarität und wird nur besonderen Gästen kredenzt!"

Wer je auf der einladenden Terrasse des Georgiberg-Bistros die feinen Georgiberg-Weine mit Vulcano Schinken und anderen warmen steirischen Köstlichkeiten genossen hat, da wo Genuss und Geschmack sich in einem atemberaubenden Ambiente begegnen, der kommt wieder …

Weingut Georgiberg
Wielitsch 54, 8461 Berghausen, Tel. +43(0)3453/20243
www.weingut-georgiberg.at

Weststeiermark

Weingut Langmann vulgo Lex

„Wir haben in der Weststeiermark den besten Roséwein der Welt, unverwechselbar und einzigartig – den Schilcher. Die Sorte hat ein ungeheures, unterschätztes Potenzial, vom Schilcher Klassik über den Süßwein bis zum Sekt. Es gibt selten eine Sorte, die so viele verschiedene Facetten hat ..."

Stefan Langmann

Stefan Langmann ist in seinem Keller auch dem Geheimnis prickelnder Perlen auf der Spur.

In der Weststeiermark schlägt seit Jahrhunderten das Herz des Schilchers, zu Recht wird das Weinbaugebiet auch als Schilcher-Heimat bezeichnet, denn auf dem Großteil der Rebfläche wächst Blauer Wildbacher, eine uralte Rebsorte, die als Grundlage für den rosafarbenen Wein dient.

Dass der Schilcher, ursprünglich ein rustikaler Bauernwein mit aggressiver Säure, heute, dank modernster Weingarten- und Kellertechnik und durch kontinuierliche Qualitätsverbesserungen, unter den Händen ambitionierter Winzer zu einem international begehrten Wein geworden ist, beweist einer der weststeirischen Top-Winzer: Stefan Langmann vulgo Lex, zweifacher Landessieger und Weingut des Jahres 2012.

Das Weingut ist seit mehr als 250 Jahren im Familienbesitz, und bereits 1909 erhielt das Weingut Langmann bei der ersten Schilchermesse in Stainz seine erste große Auszeichnung, seither werden Langmann-Weine regelmäßig hoch prämiert.

Vor der prächtigen Naturkulisse rund um das Weingut an der Schilcher-Weinstraße, auf sanften hügeligen Lagen gedeiht sie, diese unverwechselbare Spezialität der Weststeiermark – der Blaue Wildbacher.

Die sortentypischen Aromen nach roten Ribiseln, Erdbeeren, Himbeeren, Cassis oder auch Blutorangen werden meist von kühler Eleganz getragen.

Die mineralische Würze steht prall im Saft und es fehlt nicht an Rasse, Nerv und herzhafter Länge. Diese Eigenschaften mit all ihren Spielarten – von trocken über lieblich bis süß, mit viel Extrakten und prägnanter Frucht –, das bringt Stefan Langmann Jahr für Jahr in höchster Qualität in die Flaschen.

Doch die Rebsorte bringt auch bei entsprechend liebevoller und fachkundiger Vinifikation elegante, dichte Rotweine hervor, die ihre wahre Größe durch den Ausbau in kleinen französischen Eichenfässern zeigen. Die daraus entstehenden Langmann-Weine glänzen mit grandioser Mineralik und brillanter Finesse.

Stefan Langmann widmet sich aber nicht nur der Vinifikation großer Weine, sondern auch der Herstellung höchster Sektqualität, denn er ist in seinem Keller auch dem Geheimnis prickelnder Perlen auf der Spur. Er produziert fein geschliffene, erfrischende Winzersekte mit feinperligem Mousseux, die für jede Menge Trinkspaß sorgen. Um einen Sekt im Weingut Langmann mit tiefer Frucht und viel Charakter in die Flaschen zu füllen, nimmt man sich dort meist Monate Zeit. Diese braucht der Grundwein für die zweite Gärung, um zu einem köstlich-schäumenden Erlebnis zu werden. Von der Gärung über das Dégorgement bis hin zum Abfüllen vinifiziert Stefan Langmann seine Sekte selbst.

Der Erfolg gibt ihm recht, denn sein Sauvignon-Blanc-Sekt ist nicht zu Unrecht steirischer Landessieger!

Auch der Schilcher-Sekt aus dem Hause Langmann ist lange gereift, gehört doch die ungebrochene Liebe des Top-Winzers dem Schilcher!

Einem Fingerabdruck gleich unterscheiden viele Weinfreunde und Kenner die sortenreinen Weine aus den verschiedenen Lagen: „Wir haben drei verschiedene Lagen des Schilchers, unterschiedliche Böden mit unterschiedlichem Geschmack. Wir vinifizieren jede Lage als Einzellage!"

In der Buschenschank der Familie Langmann wird zum Schilcher dann die urige steirische Jause serviert: „Je einfacher, desto besser. Früher hat's ja auch nur die Produkte vom Hof gegeben, den Speck, die frischen Grammeln, das Schmalz. Wir setzen in unserer Buschenschank diese Idee fort, mit Produkten aus der Region, vom Hirschschinken bis zum Schafkäse, je nach Saison."

Und dazu gibt es natürlich ein Glas vom Schilcher, denn „das ist einfach ein Geschmackserlebnis in der Nase und am Gaumen, elegant zu trinken. Das ist der weltbeste Roséwein …"

Weingut Langmann vulgo Lex
Langegg 23, 8511 St. Stefan/Stainz, Tel. +43(0)3463/6100
www.l-l.at

Waltraud Jöbstl

Brennerei Jöbstl

„Das Schönste beim Schnapsbrennen ist für mich, ein Produkt von Beginn an bis zum Verkauf in der Hand zu haben, von der Pflege des Weinstocks und der Obstkulturen und der Auswahl der reifen Früchte über den gesamten Gär- und Brennvorgang bis zur individuellen Gestaltung der Flaschen."
Waltraud Jöbstl

Am Schilcherberg ist der Schnaps weiblich – ganz nach weststeirischer Tradition, denn das Schnapsbrennen war hier immer schon Frauensache, der Vorlauf wurde auf den Höfen als Medizin verwendet, zum Einreiben der Tiere und Menschen.

Am südlichen Ende der Schilcher-Weinstraße, da ist Waltraud Jöbstl mit ihrer Familie zu Hause, am Schilcherberg, in Wernersdorf/Wies.

Rund 35 verschiedene Brände destilliert Waltraud Jöbstl mittlerweile.

Dort, wo an den Ausläufern der Koralpe die Schilcher-Weinberge von großflächigen Obstplantagen abgelöst werden, bearbeitet die Familie Jöbstl seit dem 17. Jahrhundert Grund und Boden. „Ich bin in einer traditionellen Landwirtschaft groß geworden, als ältestes von fünf Bauernkindern. Der Hausname ‚Masseriapl' besteht schon seit über 200 Jahren am Schilcherberg!"

Es war Großvater Jöbstl, der in visionärer Weise von Ackerbau und Viehzucht auf Obst- und Weinbau umstellte und damit die Grundlage für die späteren Top-Qualitäten der zahlreichen Destillate schuf. Und der Erfolg gab ihm recht.

Die Trauben vom Blauen Wildbacher fanden nach längerer Pause erstmals wieder in den eigenen Keller, als Sohn Johannes 1984 seine Ausbildung an der Höheren Bundeslehr- und Versuchsanstalt in Klosterneuburg beendete.

Die Trester und das Geläger ungenützt zu lassen, gefiel den Eltern Waltraud und Johann gar nicht, also beschlossen sie, diese zu brennen.

Schon bei der ersten „Destillata“ in Bad Kleinkirchheim holten Waltraud und ihr Mann Johann zwei Siegermedaillen heim, und der Weinbrand vom Schilcher wurde schon 1989 „Salon-Sieger“. Der Rest ist Geschichte ...

Rund 35 verschiedene Brände destilliert Waltraud Jöbstl mittlerweile, vom Hefebrand über den Tresterbrand und Weinbrand vom Schilcher bis zu den vielen preisgekrönten Destillaten.

Von der Schwarzen Ribisel – die biologischen schwarzen Ribiseln stammen vom Obstbaubetrieb des Sohnes Martin aus Eibiswald – über Vogelbeer, Trester und Pfirsich bis zu Johannisbeer-Edelbrand & Co. – jeder Brand hat seine eigene Geschichte.

Jede Frucht muss unterschiedlich reif sein, um ihr bestes Aroma zu entfalten. Reifezeitpunkt, Gärung und Brennvorgang – nichts davon kann von einem Brand auf den nächsten übertragen werden.

Keine Fruchtmaische gleicht der anderen. Mit viel Geduld, Erfahrung und Liebe zu edlen Destillaten läuft jeder Brennvorgang ab – jeder Liter wird von Waltraud Jöbstl selbst destilliert. Zum Reifen wird der Beerenbrand in Glasballons gefüllt und nach zirka einem halben bis einem Jahr auf 40 Vol.-% Alkohol eingestellt und in Flaschen gefüllt. Das Ergebnis ist ein 100%ig reines, edles Jöbstl-Destillat.

Neben Glasballons werden die Destillate auch in Edelstahltanks, Steingutbehältern und Fässern gelagert. Der Hefebrand entfaltet seinen würzigen Geschmack am besten durch die Akazienfasslagerung, der Vanillegeschmack des McIntosh-Brandes kommt vom Maulbeerbaumfass. Selbst der Alkoholgehalt ist von Brand zu Brand unterschiedlich, vom Johannisbeer-Brand bis zu den würzigen Zigarrenbränden.

Der Geschichte des weststeirischen Schnapsbrennens hat Waltraud Jöbstl auch ein eigenes kleines Museum gewidmet, wo man historische Schnapsflaschen und Brennkessel bewundern kann. Aber auch alte, bäuerliche Rezepte bewahrt Waltraud Jöbstl, wie die „Schnitterkrapfen mit Schilcher-Weinbrand“. „Das war eine besondere Belohnung für die schwere Arbeit beim Weingarten-Hauen und beim Schnitt!“

Und wann schmeckt Schnaps am besten? „Der größte Genuss ist für mich, zu einem guten Essen ein schönes Glas Wein zu trinken und dann als Abschluss einen schönen alten ‚Aurum‘-Brand ...“

Brennerei Jöbstl
Am Schilcherberg 2, 8551 Wernersdorf/Wies, Tel. +43(0)3466/42379-1
www.brennerei-joebstl.at

BRUT BLANC

Weinkochbuch

Die Rezepte sind in der Regel
für 4 Personen gedacht,
es bleibt aber dem Koch oder
der Köchin freigestellt,
ob sie 2 oder 6 Personen einladen!

Leo Hillinger
Weingut Leo Hillinger

Fischsuppe „Asia Style“

Zutaten

ca. 400 g diverse frische Fischfilets (Lachsforelle, Saibling etc.)

4 große Scampi

1 l ungesüßte Kokosmilch

1 Schuss Pinot Blanc

100 g frische Sojasprossen

50 g frische Erbsenschoten

50 g frische Wiesen-champignons, klein geschnitten

2 Karotten, geraspelt

1 Stück Ingwer (etwa daumengroß)

2 Stück Lemon Grass

ca. 1 TL frischer Koriander, klein gehackt

2 frische Chilis, fein geschnitten, ohne Kerne

je 1 TL Currypaste red, green, yellow

1 TL Tom Ka Paste (im Asiashop erhältlich)

Salz, Pfeffer

Das Gemüse waschen und klein schneiden, die Fischfilets in fingerdicke Stücke schneiden und auf einem Küchentuch trocknen.

Das Lemon Grass am unteren Ende aufklopfen und den Ingwer fein reiben.

Die Kokosmilch mit den Lemon-Grass-Stangen und dem geriebenen Ingwer aufkochen. Dann Chili, die Pasten, einen guten Schuss Pinot Blanc, den Koriander, Salz und Pfeffer hinzugeben und gegebenenfalls noch mit etwas Suppenpulver abschmecken. Dann die Karotten und die Erbsenschoten hinzufügen.

Die Fischfilets und die Scampi in einer Pfanne mit Olivenöl ganz kurz anbraten und dann von der Hitzequelle nehmen.

Das Lemon Grass entfernen, den Fisch, die Sojasprossen und die Wiesen-champignons erst kurz vor dem Anrichten hinzugeben.

Weinempfehlung

Pinot Blanc Leithaberg DAC

Kraftvoll und körperreich, sattes, kräftiges Strohgelb verführt das Auge. Der Duft, geprägt vom Terroir des Leithabergs, spiegelt die Mineralität und Salzigkeit des Kalk- und Schieferbodens wider. Aromen von Pfirsich, Nüssen und Rauch in der Nase, am Gaumen verschmelzen Eleganz und Dichte zu einem langen Finale.

Vulcano
Franz Habel

Weiße Eierschwammerlsuppe
mit gebackenem Eierschwammerlragout und Vulcano-Schinken-Chip

Zutaten

Eierschwammerlsuppe:
300 g geputzte Eierschwammerln
400 ml Geflügelfond (oder Wasser)
1 große weiße Zwiebel
400 ml Obers
100 ml Grüner Veltliner
1 kleine Knoblauchzehe
150 g Butter
Salz, Pfeffer

Eierschwammerlragout:
200 g geputzte Eierschwammerln
1 kleine Zwiebel
1 EL gehackte Petersilie
1 EL gehackter Liebstöckel
200 ml Obers
50 ml Weißwein
Salz, Pfeffer
Mehl, Ei und Brösel zum Panieren

Vulcano-Schinken-Chip:
4 große Scheiben Vulcano Schinken

Für die Eierschwammerlsuppe die Eierschwammerln mit der halben Zwiebel und der Knoblauchzehe anschwitzen (keine Farbe nehmen lassen), mit Fond ablöschen und um die Hälfte reduzieren, danach abseihen. Die restliche Zwiebel leicht anschwitzen und mit Weißwein ablöschen. Eierschwammerlfond und Obers dazugeben, um ein Drittel reduzieren, danach würzen und mit Butter montieren.

Für das gebackene Eierschwammerlragout die Eierschwammerln würfelig schneiden, mit der gehackten Zwiebel anschwitzen, dann mit Obers und Weißwein ablöschen, zu einem dicken Ragout köcheln lassen, mit Petersilie, Liebstöckel und den Gewürzen abschmecken, in eine Form geben und einfrieren. Danach in kleine Würfel schneiden, panieren und sofort herausbacken.

Für die Vulcano-Schinken-Chips die Schinkenscheiben zwischen Küchenkrepp legen und in der Mikrowelle bei halber Hitze ca. 2 Minuten dehydrieren, bis sie knusprig sind. Die Suppe mit dem Ragout und den Chips anrichten.

Weinempfehlung

Pinot Blanc Wielitsch, Weingut Georgiberg

Die Lage Wielitsch ist geprägt von hohem Muschelkalkgehalt. Elegantes Bukett mit reifer Säurestruktur, mineralische Noten, feine Aromatik nach Birne, Mango und zarten Blüten, frische Struktur und tolle Mineralität, der perfekte Speisenbegleiter zu gebundenen Suppen.

Mathias Jalits
Weingut und Gästehaus Jalits

Gansl-Einmachsuppe

Zutaten

Gänseklein (Hals, Flügel, Füße, Magen, Herz)
Wurzelwerk im Ganzen (1 kl. St. Sellerie, 1 Karotte, 1 gelbe Rübe, 1 Petersilwurzel)
etwas Lauch
Liebstöckel
Salz
Suppenwürze
Pfefferkörner
ca. 1 l Wasser
1 Schuss Blaufränkisch
2 EL Butter
2 EL Mehl
1/4 l Schlagobers
gekochte Erbsen nach Geschmack
Muskatnuss
gehackte Petersilie

Gewaschenes Gänseklein mit Wurzelwerk, Lauch, Liebstöckel, Salz, Suppenwürze und Pfefferkörnern in ca. 1 l Wasser weich kochen. Einen Schuss Blaufränkisch dazugeben. Das Wasser soll die Zutaten gut bedecken. Die Suppe abseihen, Wurzelwerk und Gänseklein im Sieb überkühlen lassen. Fett erhitzen, Mehl darin farblos anschwitzen, mit der warmen Suppe und dem Obers vorsichtig aufgießen und sämig kochen. Gut mit einem Schneebesen durchrühren, damit keine Klümpchen entstehen. Sollte dies doch der Fall sein, die Suppe durch ein Haarsieb passieren.

Gansfleisch auslösen, Haut entfernen, Fleischstücke und Wurzelwerk in Stücke schneiden, gemeinsam mit den gekochten Erbsen zur Suppe geben, eventuell noch Wasser dazugeben, kurz durchkochen lassen, mit Muskatnuss abschmecken und eventuell nachwürzen. Sollte die Leber nicht anderweitig verwendet werden, wird diese in aufgeschäumter Butter im Ganzen gebraten und danach kleinwürfelig geschnitten zur Suppe gegeben. Das Gericht nun mit Petersilie vollenden und mit Bröselknödeleinlage servieren.

Weinempfehlung

Eisenberg DAC Reserve

Dunkelfruchtiger Duft nach Brombeeren und Weichseln mit kühler mineralischer Würze und Kräutern. Am Gaumen charmante Frucht, kraftvoller Körper mit straffer Struktur, fein mineralische Würze, gut eingebundene Tannine, eleganter Stil, animierend. Hat Potenzial für einige Jahre.

www.jalits.at

Gut Pössnitzberg
Kreuzwirt

Krenschaumsuppe

Zutaten

100 g Sellerie

300 g rohe Kartoffeln

2 Stangen Lauch, nur das Weiße

100 g Zwiebeln

100 g Butter

300 ml Muskateller von Polz

600 ml Hühnerfond

40 ml Obers (Sahne)

1 geriebene Krenwurzen (Beigabe nach Geschmack)

etwas Crème fraîche zum Verfeinern

Zwiebel, Lauch und Sellerie in Butter anschwitzen und mit dem Muskateller von Polz ablöschen.

Kartoffeln beigeben, mit dem Hühnerfond auffüllen und die Suppe eine halbe Stunde köcheln lassen.

Das Obers und die Crème fraîche dazugeben und mit dem Pürierstab mixen.

Weinempfehlung

Gelber Muskateller Polz

Funkelndes Gelb mit grünem Schimmer; intensive Nase nach reifen Früchten und frischen Kräutern; ausgewogener Körper mit sehr intensivem Fruchtspiel und trinkanimierender Säure; frisch-fruchtiges Trinkerlebnis. Ergänzt perfekt die Krenschaumsuppe.

Polz
GELBER

Hofmeisterei Hirtzberger
Erwin Windhaber

Gelbe Paprikaschaumsuppe mit Gemüsekugerl

Zutaten

1 kleine Zwiebel
2 gelbe Paprika
50 g Butter
1/8 l Weißwein
500 ml Gemüsefond
500 ml Obers
Salz, Pfeffer

80 g Erdäpfel, gekocht und passiert
100 g Wurzelgemüse (Karotten, Zeller, gelbe Rüben etc.), geraspelt und blanchiert
1 Dotter
gehackte Petersilie
Salz, Pfeffer, Muskat

Panade:

Mehl, Ei, Brösel
Panko (Weißbrotflocken)

Zwiebel fein würfeln und in Butter andünsten. Paprika von Kerngehäuse befreien, grob würfeln, zu der Zwiebel geben und weich schmoren. Mit Weißwein ablöschen und vollständig einreduzieren. Nun mit Gemüsefond und Obers aufgießen, ein paar Minuten köcheln, fein mixen und abschmecken.

Für die Einlage aus Erdäpfeln, Gemüse, Dotter, Petersilie und Gewürzen eine glatte Masse herstellen und Kugerl formen. Diese werden zuerst mit Mehl, Ei und Bröseln, danach mit Ei und Panko paniert und in heißem Öl frittiert.

Weinempfehlung

Grüner Veltliner Smaragd Rotes Tor, Weingut Hirtzberger

Mittleres Grüngelb. Feine tabakige Würze, zart nach Honigmelonen, zarte Kräuterwürze, reife Äpfel, stoffig, komplex, zarte Birnenfrucht, feines Säurespiel, angenehme Extraktsüße mit eleganter Mineralik im Nachhall, sehr gutes Reifepotenzial, harmoniert perfekt zu Geräuchertem und Chili.

Gasthaus zur Dankbarkeit
Josef Lentsch

Fischsuppe von Neusiedler-See-Fischen

Zutaten

1 l Fischfond
1 Zwiebel
1 roter Paprika
1 grüner Paprika
2 Knoblauchzehen
Dille
1 EL Tomatenmark
2 TL edelsüßes Paprikapulver
Salz, Pfeffer
Öl

Einlage:

400 g Zander, Karpfen, Wels, Aal (Hecht)
1 Schuss Muskat3

Zwiebel und Paprika putzen, in Würfel schneiden und in wenig Öl anrösten. Das Tomatenmark dazugeben und kurz mitrösten, das Paprikapulver dazugeben und mit dem Fischfond aufgießen. Kurz kochen lassen (ca. 5 Minuten) und mit Salz, Pfeffer und Knoblauch würzen.

Geputzte und entgrätete Fischstücke und etwas gehackte Dille in die Suppe geben und ca. 5 Minuten ziehen lassen. Mit einem Schuss Muskat3 abschmecken.

Tipp vom Profi

Fischfond aus typischen Neusiedler-See-Fischen, wenn Zeit bleibt, schon vorher vorbereiten.
Dazu servieren wir den Muskat3 vom Weingut Lentsch, eine Cuvée aus Gelbem Muskateller und Muskat Ottonel. Mild mit kerniger Frucht, nobel und delikat mit sehr feinen Zitrusaromen, der perfekte Begleiter zu Fisch.

Weingut Esterházy

Quinquin-Suppe mit Flusskrebserln

Zutaten

400 ml Gemüsesuppe

1/2 Flasche Esterházy Quinquin Schaumwein

125 ml Schlagobers

3 Eidotter

1 Msp. Rosenpaprika

Salz

Etwas Zucker

200 ml Schlagobers

125 ml Esterházy Schaumwein

1 Dutzend ausgelöste Flusskrebse

Gemüsesuppe mit Quinquin aufkochen, Obers mit Eidottern verrühren und die (nicht mehr kochende) Suppe damit binden. Mit Salz, Rosenpaprika und etwas Zucker abschmecken. 200 ml Obers steif schlagen und mit 125 ml Quinquin knapp unter dem Siedepunkt unter die Suppe heben.

Aufgebrochene und ausgelöste Flusskrebse in gut vorgewärmten Suppentellern anrichten und mit der brühend heißen Champagnersuppe übergießen.

Dazu reicht man Knoblauchcroûtons und trinkt ein Glas Quinquin.

Weinempfehlung

Quinquin Sparkling Rosé

Das leichte, prickelnde und erfrischende Trinkvergnügen mit delikatem Duft, Finesse und geschmeidiger Eleganz. Aufgrund der traditionellen Flaschengärung mit ungewöhnlich feiner und animierender Perlage. Passt als Aperitif zu Vorspeisen, Fisch und Meeresfrüchten, Desserts.

Klostergasthaus, Freigut Thallern
Florian Fritz

Rotgipflerschaumsuppe mit Zimt-Brotwürfeln

Zutaten

4 Scheiben Toastbrot
2 EL Butter
Salz
Pfeffer
1/4 TL gemahlener Zimt
700 ml Fleisch- oder Gemüsebrühe
200 ml Rotgipfler
3 Eigelb
150 g Sahne
1/2 Bund Schnittlauch

Das Toastbrot von der Rinde befreien und in Würfel schneiden. Die Butter in der Pfanne zerlassen und die Toastbrotwürfel darin bei mittlerer Hitze unter Rühren knusprig braten.

Mit Salz, Pfeffer und Zimt würzen und beiseitestellen.

Die Brühe und den Wein in einem Topf aufkochen. Die Eigelbe mit der Sahne verquirlen, 1–2 EL heiße Suppe kräftig unterrühren. Die Hitze kleiner stellen (die Suppe darf nicht mehr kochen) und die Eigelbsahne unter die Suppe rühren. Unter Rühren noch 2–3 Minuten erhitzen, aber nicht kochen lassen, bis die Suppe leicht sämig wird. Mit Salz abschmecken.

Den Schnittlauch waschen und in feine Röllchen schneiden.

Die Suppe in tiefe Teller schöpfen und jeweils mit Brotwürfeln und Schnittlauch garnieren.

Weinempfehlung

Rotgipfler Student, Freigut Thallern

Aus der Top-Lage Student, reifes Traubenmaterial, vielschichtiges, reifes Fruchtaroma aus Mango und Mandarine, feine Extraktsüße am Gaumen, mit Riesenpotenzial! Cremig, angenehm im Geschmack, gibt der Rotgipflerschaumsuppe die perfekte Würze.

Weingut Esterházy

Blunzen in Blaufränkisch

Zutaten

200 g frische Pilze oder 40 g getrocknete Steinpilze bzw. Morcheln

100 ml Rindssuppe

4 Blutwürste à ca. 180 g

ca. 500 ml Esterházy Blaufränkisch Classic

100 g Gänse- oder sehr helle Hühnerleber

Salz und Pfeffer aus der Mühle

2 EL Butter

1 EL fein gehackte Petersilie

Die getrockneten Pilze in lauwarmer Suppe etwa 1/2 Stunde lang einweichen. Die Blutwürste mit einer Gabel sachte anstechen und in eine tiefe Kasserolle legen. Die Würste mit Rotwein knapp bedecken und auf kleiner Flamme köcheln lassen, bis zwei Drittel des Weins verdampft sind.

Die eingeweichten Pilze mitsamt der Flüssigkeit (sowie eventuell noch etwas frischem Rotwein) dazugeben und weiterdünsten lassen. Kurz bevor die Flüssigkeit vollständig eingedampft ist, Pilze aus dem Sud heben. Währenddessen Hitze stets eher niedrig halten, damit die Blutwürste nicht platzen.

Inzwischen die Leber kleinwürfelig schneiden, salzen, pfeffern und mit den aus dem Rotweinsud gehobenen Pilzen in Butter leicht anbraten. Die Blutwürste in der Mitte der Länge nach aufschneiden, das Pilz-Leber-Ragout darübergießen und alles, mit frischer Petersilie bestreut, heiß servieren.

Weinempfehlung

Leithaberg DAC Blaufränkisch

Dunkles Rubinrot, am Gaumen komplexe Aromatik nach Weichselkompott, Preiselbeeren und Wacholder, dazu weißer Pfeffer, unterlegt mit dezenten Röstaromen. Das feinkörnige Tannin und die kreidige Mineralik geben dem Wein eine fast verschwenderische Struktur, feingliedrig und außerordentlich elegant.

BLAUFRÄNKISCH

Alwin Jurtschitsch
Weingut Jurtschitsch Sonnhof

Büffelfrischkäse aus dem Kamptal
mit Bärlauchpesto, Quittengelee und Weingartenknoblauch-Hippe

Zutaten

400 g Büffelfrischkäse

Bärlauchpesto:

1/2 l Olivenöl

150 g Pinienkerne

20 g Salz

150 g Parmesan

120 g Bärlauch

Quittengelee:

2 kg Quitten, geviertelt und entkernt

Schale einer Zitrone

1 kleine Zimtrinde

2 Gewürznelken

Weingartenknoblauch-Hippe:

1 Ei

20 g Staubzucker

50 g glattes Mehl

1 Zehe Weingarten-knoblauch

Prise Kräutersalz vom Heiligenstein (oder anderes Salz)

Für das Bärlauchpesto den Bärlauch und den Parmesan grob zerkleinern und dann alle Zutaten in einem Standmixer bis zur gewünschten Konsistenz mixen. In Gläser füllen. Statt Bärlauch kann hier auch gut Rucola verwendet werden.

Für das Quittengelee die Quitten mit den anderen Zutaten in einen Topf geben, mit Wasser gerade bedecken und zustellen. Aufkochen und bei sehr kleiner Hitze ziehen lassen, bis die Quitten weich sind. Mit Frischhaltefolie abdecken und am besten über Nacht auskühlen lassen. Danach durch ein Sieb mit Passiertuch gießen und langsam abtropfen lassen. Nicht drücken oder gar mit einem Schöpfer nachdrücken, denn dann wird der Sud trüb. Die beste Zutat ist hier Zeit. Der gewonnene Sud wird nun abgewogen und mit Gelierzucker wie eine Marmelade eingekocht. Heiß in Gläser füllen und kühl stellen.

Für die Weingartenknoblauch-Hippe Ei, Staubzucker und Mehl flott glatt rühren, den geriebenen Knoblauch unterrühren und 10 Minuten im Kühlschrank rasten lassen. Auf ein Backpapier beliebige Formen etwa 1 mm dick aufstreichen, mit Kräutersalz würzen und dann bei 200 °C ca. 4–5 Minuten backen, bis die Hippen goldbraun sind. Beim Auskühlen werden sie dann knusprig.

Zum Anrichten den Büffelfrischkäse von Robert Paget (oder beliebigen anderen Frischkäse) in Scheiben schneiden, mit Pesto, Quittengelee, Hippe und frischen Kräutern gefällig anrichten.

Weinempfehlung

Riesling Loiserberg, Kamptal DAC Reserve, Erste Lage

Die sehr steilen und kargen Terrassen des Loiserbergs liefern die besten Voraussetzungen für diesen dichten und mineralischen Riesling mit aromatischer Reife, Finesse und angenehmer Rasse. Ergänzt perfekt den cremigen Käse mit dem Quittengelee und der Knoblauch-Hippe aus dem Weingarten.

Klostergasthaus, Freigut Thallern

Florian Fritz

Hühnerleberparfait mit Quitten-Chutney und Brioche

Zutaten

Hühnerleberparfait:

200 g Hühnerleber
5 cl weißer Portwein
1 Schuss Beerenauslese
200 g Butter, 1 Ei
1 EL Schlagobers

Quitten-Chutney:

4 mittelgroße Quitten (= 200 g Quitten ohne Schale und ohne Kerngehäuse)
10 g flüssige warme Butter
10 g frischer geschälter Ingwer
1 Sternanis
2 Kardamomkapseln
1 Zimtstange
1 Teelöffelspitze Kurkumapulver (= Gelbwurz)
120 ml Orangen- oder Quittensaft
60 g Zucker
Abrieb von einer Bio-Orange
1 EL Bourbon-Vanillezucker

Für das Hühnerleberparfait die Leber über Nacht mit Portwein, Beerenauslese und Pökelsalz in einem Gefäß marinieren. Leber durch die Flotte Lotte treiben und mit der warmen Butter, Ei und Schlagobers im Standmixer mixen. In eine feuerfeste Form füllen und bei 85 °C Dampf 45 Minuten pochieren.

Für das Quitten-Chutney die Quitten gut waschen und mit einer Bürste die pelzigen Stellen auf der Haut abreiben. Den Dampftopf auf einen Rost geben und so viel Wasser einfüllen, dass der Boden knapp mit Wasser bedeckt ist. Die Quitten stehen etwas im Wasser. Dampftopf verschließen und 10 Minuten kochen lassen. Quitten aus dem Dampftopf nehmen, schälen und das Fruchtfleisch in Würfel schneiden. Ingwer in kleine Würfel schneiden. Butter in die Pfanne geben und den Ingwer kurz anrösten. Sternanis, Kardamomkapseln und Zimtstange hineingeben und mitrösten lassen, bringt das Aroma stark zur Geltung. Kurkuma hinzufügen. Gewürfelte Quitten dazugeben und etwas anrösten lassen. Mit Quitten- oder Orangensaft ablöschen und wieder auf die Platte ziehen. Bei geringer Hitze 5 Minuten köcheln lassen. Zucker und Vanillezucker hinzufügen. Orangenschale dazugeben. 5 Minuten weiterköcheln lassen, Sternanis, Zimtrinde und Kardamomkapseln herausnehmen.

Mit einem Schaumlöffel den größten Teil der Quittenstücke entnehmen und die restlichen Quitten mit dem Stabmixer pürieren.

Tipp: Brioche passen hervorragend dazu.

Weinempfehlung

Rotgipfler Zierfandler Beerenauslese, Freigut Thallern

Nur in außergewöhnlichen Jahren ist die Vinifikation von edelsüßen Weinen möglich. Stoffig, süße exotische Frucht mit feinen Anklängen nach Honig. Harmonisches Spiel von Restzucker und Säure. Ergänzt perfekt das Hühnerleberparfait.

Gasthaus zur Dankbarkeit
Josef Lentsch

Jiddischer Hühner- oder Gänseleberaufstrich

Zutaten

100 g Hühnerleber (oder Gänseleber)

100 g Zwiebeln

100 g Schweine- oder Gänseschmalz (oder gemischt)

Knoblauch nach Belieben

Majoran

Salz, Pfeffer

1 Schuss Trockenbeerenauslese

Die Zwiebeln in feine Ringe schneiden und im Schmalz dünsten, ohne dass sie Farbe nimmt. Die geputzte Leber dazugeben und alles bei kleiner Flamme schmoren, bis die Leber durch ist.

Das Ganze im Mixer oder Cutter fein pürieren. Danach mit Salz, Pfeffer, Knoblauch und Majoran würzen, mit Trockenbeerenauslese abschmecken und nochmals kurz erhitzen.

Die heiße Leber in kleine Portionsformen (Porzellan, Glas) füllen und erkalten lassen. Zum Schluss die Leber mit flüssigem Schmalz ca. 3 mm hoch bedecken (und luftdicht verschließen).

Weinempfehlung

Trockenbeerenauslese, Weingut Josef Lentsch

Verführerisch und elegant: ein dichter Süßwein, der durch die hohe Säure an Eleganz gewinnt und mit intensiven Marillenaromen im Finish extrem spannend ist. Der perfekte Begleiter am Gaumen zum Hühnerleberaufstrich, balanciert elegant die Fülle des Gerichts.

Karl Breitenberger
Urbanus-Winzer

Käferbohnen mit Schafkäse in Ruländer-Balsamico

Zutaten

450 g Schafkäse von den Weizer Schafbauern (aus Naas)

300 g trockene steirische Käferbohnen

4 Paradeiser (Tomaten)

1 Krauthäuptel (steirischer Salat)

Salz

Essig

Balsamico vom Ruländer und steirisches Kernöl

gehackte Kürbiskerne

Basilikumblätter

Die Bohnen über Nacht in Wasser vorquellen lassen, am nächsten Tag die aufgequollenen Bohnen mit reichlich Salzwasser zustellen und etwa 3 Stunden köcheln lassen, bis sie weich sind.

Dann abseihen, mit kaltem Wasser kurz abkühlen und sodann können sie angerichtet werden. Noch mehr feinen Geschmack erhalten die Käferbohnen, wenn sie mit Essig zum Kochen zugestellt werden.

Danach den Käse in kleine Scheiben schneiden, mit Tomaten, dem Salat und Basilikum garnieren, die gehackten Kürbiskerne darübergeben und mit Balsamico verfeinern.

Weinempfehlung

Urbanus

Der Urbanus ist eine patentrechtlich geschützte Marke der Oststeirischen Römerweinstraße. Schönes Goldgelb, leichter, trockener und duftiger Wein, zarte Fruchtigkeit, animierender Trinkfluss, passt perfekt zu typisch steirischen Gerichten.

URBANUS
CCXXX
UNSER WEIN
OSTSTEIRISCHE
RÖMER
WEINSTRASSE

Gutshofrestaurant Prandtauerhof
Familie Holzapfel

In Veltliner gebeizte Lachsforelle mit Marillenchutney

Zutaten

150 g Dille, Petersilie, Kerbel
150 g Salz, 15 g Pökelsalz
100 g Zucker
13 g Pfefferkörner
10 g Wacholderbeeren
kräftiger Schuss vom Grünen Veltliner Kollmitz
Zitronenzesten
Lorbeerblätter, Koriander
Senfkörner
2 Lachsforellenfilets (ca. 140–160 g)

Marillenchutney:

500 g Schalotten
2 kg entkernte Marillen
50 g Ingwer, fein gehackt
200 g Rosinen
400 g Zucker
1/2 l Obstessig
1/2 l Wasser
1 TL Salz
1/2 TL scharfe rote Pfefferoni, fein geschnitten

Kräuter grob klein schneiden und die Hälfte davon auf ein Backblech streuen. Salz, Pökelsalz und Zucker vermischen und ebenfalls die Hälfte darüberstreuen.

Pfefferkörner, Wacholderbeeren, Lorbeerblätter, Koriander und Senfkörner im Mörser zerstoßen und mit den Zitronenzesten vermischen. Auch die Hälfte darüberstreuen und die geputzten Fischfilets mit der Fleischseite nach unten darauflegen. Die andere Hälfte der Kräuter und Gewürze darüberstreuen, einen kräftigen Schuss vom Grünen Veltliner Kollmitz, Smaragd 2013 zugeben und mit einer Folie bedecken.

Ein zweites Blech zum Beschweren daraufstellen und 24 Stunden im Kühlschrank ziehen lassen. Fisch aus der Beize nehmen, mit einem scharfen Messer hauchdünn aufschneiden und servieren.

Für das Marillenchutney die Schalotten feinwürfelig schneiden und in etwas Wasser weich kochen, abseihen. Ingwer, Pfefferoni, Rosinen, Zucker, Essig, Wasser und Salz dazugeben, einmal aufkochen lassen und dann zugedeckt 30 Minuten köcheln lassen. Die entkernten Marillen klein schneiden und dazugeben, langsam weiterkochen. Die heiße Masse in saubere Gläser füllen und sofort verschließen.

Weinempfehlung

Grüner Veltliner Smaragd Kollmitz, Weingut Holzapfel

Helles Gelbgrün, mit frischer Würze unterlegte Apfelfrucht, zart nach frischer Birne, rauchige Nuancen. Saftig, elegante Textur, frischer Säurebogen, elegant und ausgewogen, Noten von Honigmelone im Abgang, besitzt gute Länge. Ausgewogener, cremiger Veltliner mit weicher Struktur und viel Tiefgang.

HOLZAPFEL
Marillenchutney
WEINGUT
HOLZAPFEL

Weingut Esterházy

Hortobágyer Palatschinken

Zutaten

500 g Faschiertes vom Kalb

2 Zwiebeln

Salz

1 EL Schweineschmalz

100 ml Suppe

375 ml Sauerrahm

60 g Mehl

1 EL edelsüßes Paprikapulver

Palatschinken:

150 g Mehl

300 ml Milch

5 Eier

Salz

Butterschmalz zum Backen

Aus Mehl, Milch, Eiern und Salz einen Palatschinkenteig rühren. Butterschmalz in einer Pfanne zerlassen und nacheinander goldbraune Palatschinken herausbacken. Fein gehackte Zwiebeln in Schmalz anlaufen lassen, Faschiertes hinzufügen, Suppe angießen, salzen und das Fleisch langsam gar ziehen lassen. Die Flüssigkeit, die sich dabei absetzt, abgießen und aufbewahren. 2 EL Sauerrahm einrühren und das Fleisch weiterköcheln lassen, bis eine sämige Füllung für die Palatschinken entsteht.

Die Palatschinken mit der Masse füllen, einrollen und warm stellen. Den restlichen Sauerrahm mit Mehl und dem aufgehobenen Fleischsaft verquirlen, in einer Kasserolle etwas einkochen lassen und mit Paprika würzen. Die Paprika-Rahm-Sauce über die Palatschinken gießen und diese heiß servieren.

Tipp: Schmecken Sie die Paprika-Rahm-Sauce mit 1 EL Esterházy Paprika-Lekvár und Zweigelt ab.

Wissenswertes: Die ostungarische Hortobágy-Puszta, nach der dieses legendäre ungarische Gericht benannt wurde, ist ein Teil des ehemaligen, trockengelegten Flussbettes der Theiß.

Weinempfehlung

Estoras

Blaufränkisch, Merlot, Cabernet Sauvignon. Tiefrotes Rubingranat. In der Nase intensive Frucht nach Kirsche und reifen Maulbeeren, unterlegt von eleganter Würze, die an Tabak und Lakritze erinnert. Dezentes Holz, am Gaumen frisch und elegant mit moderatem Tannin. Sehr ausgewogen.

Retter Seminar · Hotel · Restaurant
Jürgen Archam

Roh mariniertes Rabenwalder Bio-Saiblingsfilet mit Hirschbirnenmostkraut und Paprika

Zutaten

1 Bio-Saibling
1 Zitrone
Salz, Pfeffer
Dille

Paprika:

1 roter Paprika
Olivenöl
1 Knoblauchzehe
1 Zwiebel
1/16 l Weißwein
Salz, Pfeffer, Zucker

Hirschbirnenmostkraut:

250 g Weißkraut
1 Zwiebel
1/8 l Hirschbirnenmost
1/2 l Gemüsesuppe
Kümmel

Den Saibling filetieren, enthäuten und Gräten zupfen. Danach mit Zucker, Zitrone, Salz, Pfeffer und Dille marinieren und über Nacht zugedeckt kalt stellen.

Paprika schälen und kleinwürfelig schneiden. Mit Knoblauch und Zwiebel ganz langsam in Olivenöl weich dünsten. Mit Weißwein ablöschen und mit Salz, Pfeffer und Zucker abschmecken. Danach mixen und pürieren.

Das Weißkraut und die Zwiebel in feine Streifen schneiden. Mit etwas Öl die Zwiebel anschwitzen und das Weißkraut zugeben. Mit Hirschbirnenmost ablöschen und mit der Gemüsesuppe aufgießen, Kümmel zugeben und weich dünsten (eventuell getrocknete Dörrbirnen als Einlage für das Kraut dazugeben).

Weinempfehlung

Weißburgunder, Weingut Karl Breitenberger

Ein Weißburgunder von Klasse und Eleganz: Mit den typischen Aromen nach reifem, gelbem Apfel und Haselnuss, der tollen Würze und der feinen Säure ist dieser Wein ein wirklich universeller Speisenbegleiter.

Hofmeisterei Hirtzberger
Erwin Windhaber

Lauwarmer Seesaibling mit Kohlrabi, Radieschen, jungem Spinat und Safranbutter

Zutaten

4 Seesaiblingfilets à 100 g
Salz
Olivenöl

200 g Kohlrabi, gewürfelt
100 g Radieschen, in Spalten
Butter
Salz

1/8 l Fischfond
ca. 10 Safranfäden
100 g Butter

junger Spinat
Radieschen
Dressing für die Garnitur

Seesaiblingfilets salzen, auf ein mit Olivenöl beträufeltes Teller legen und mit Frischhaltefolie abdecken. Backrohr auf 60 °C vorwärmen, Fisch hineingeben und in ca. 10 Minuten glasig garen.

Kohlrabi und Radieschen kurz in Salzwasser blanchieren und in Butter schwenken.

Fischfond mit Safran um die Hälfte einkochen und die Butter beigeben. Nun so lange mit dem Schneebesen rühren, bis eine Emulsion entsteht, und abschmecken.

Saibling auf dem Gemüse platzieren, mit Safranbutter umgießen und mit Spinat und Radieschen garnieren.

Tipp vom Profi

Die großen Fische wie Waller und Karpfen werden gebraten oder gebacken. Raubfische wie Saibling oder Forelle sanft garen, damit der Eigengeschmack erhalten bleibt.

Erwin Windhaber

Weingut Langmann vulgo Lex
Rezept: Steirischer Weingasthof Rauch-Hof

Forellenröllchen auf Sauvignon-Tagliatelle

Zutaten

1 fein gehackte Zwiebel
2 fein gehackte Knoblauchzehen
Olivenöl
250 g Blattspinat oder Mangold
8 Forellenfilets
Zitrone
Salz, Pfeffer, Muskatnuss

Sauvignonsauce:

1 fein gehackte Zwiebel
Olivenöl
1/16 l Sauvignon Blanc
1/16 l Stainzer Schlagrahm
1/4 l Fischfond
Salz, Pfeffer
1 EL Mehl

8 weiße Spargelstangen
Tagliatelle
Dillzweige
evtl. Garnelen und Forellenkaviar

Zwiebel und Knoblauch in Olivenöl anschwitzen, Blattspinat dazugeben, mit Salz, Pfeffer und Muskatnuss würzen.

Forellenfilets salzen und mit Zitronensaft beträufeln, mit Spinat- oder Mangoldmasse bestreichen, zusammenrollen und mit Holzspießchen feststecken. Die Röllchen im Forellensud oder Gemüsesud zugedeckt ca. 15 Minuten ziehen lassen.

Für die Sauce Zwiebel in Olivenöl anrösten, mit Fond und Sauvignon Blanc vom Weingut Langmann aus Greisdorf ablöschen. Den Durst der Köchin/des Kochs ebenfalls mit Sauvignon Blanc ablöschen. Stainzer Schlagrahm mit Mehl verquirlen und Sauce sämig machen. Salzen, pfeffern und mit dem Mixstab schaumig rühren.

8 Stück weiße, geschälte, rohe Spargelstangen der Länge nach mit einem Sparschäler dünn aufschneiden. Mit al dente gekochten Tagliatelle vermengen und mit Sauce, Röllchen, Dillzweigen und eventuell Garnelen und Forellenkaviar anrichten.

Weinempfehlung

Sauvignon Blanc Sekt

Komplex, reif und von großer Strahlkraft, herrlich ausgereifte Mineralik, bringt eindrucksvoll die Lage ins Glas; elegante, sehr schöne salzige Noten, pikant-würzig, grüne Olive, Paprika, wunderbarer Schliff, lang anhaltendes Finish, einladendes, stützendes Mousseux, sehr stimmig.

Weingut Spaetrot Gebeshuber
Rezept: Harald Brunner – Spaetrot Heuriger

Spaetrot-Teigtascherln gefüllt mit Pilzen und Anningertrüffel

Zutaten

100 g mehlige Erdäpfel
200 g glattes Mehl 480 GG
1 Ei
Salz
1/16 l Wasser
150 g Eierschwammerln
150 g Steinpilze
etwas Butter und Öl
Petersilie und Liebstöckel, gehackt
Pfeffer
1/16 l Zierfandler aus der Lage Modler
1/16 l Obers
10 g Sommertrüffel

Die mehligen Erdäpfel schälen und in Salzwasser weich kochen. Durch ein Sieb passieren. Die passierten Erdäpfel mit Wasser und Mehl zu einem Teig kneten. Den Teig zu einer Kugel formen und im Kühlschrank eine halbe Stunde rasten lassen.

Die Eierschwammerln und Steinpilze putzen und mit einem feuchten Tuch säubern. Die Pilze schneiden. Zwei Drittel der Pilze für die Fülle in einer Pfanne mit Butter und Öl kurz anschwitzen und durch ein feines Sieb abtropfen lassen. Den Fond aufheben. Würzen und Petersilie und Liebstöckel dazugeben und abschmecken.

Den Teig dünn ausrollen und in längliche Streifen schneiden. Die Pilzfülle in 8 Portionen zu je einem Esslöffel verteilen. Das Ei verquirlen und die Zwischenräume bestreichen, die zweite Teighälfte darüberklappen und gut festdrücken. Mit einem runden Ausstecher ausstechen.

Die restlichen Pilze in einer Pfanne mit Butter ansautieren. Mit Weißwein ablöschen und mit dem Pilzfond aufgießen. Kurz einreduzieren und Obers dazugeben. Mit Salz und Pfeffer abschmecken.

Die Teigtascherln in Salzwasser 3 Minuten kochen lassen. Die Tascherln zu den Pilzen geben. Kurz durchschwenken und abschmecken. Die Teigtascherln anrichten und den Trüffel darüberhobeln.

Weinempfehlung

Zierfandler Modler

Lagenwein, in der Nase erfrischende Südfruchtnoten, Mango, Ananas und Birne, am Gaumen gut strukturiert, vielschichtig, Fruchtkorb nach Orange und Grapefruit, auch tropische Früchte. Ausgezeichnet als Sortensieger.

Restaurant Schwillinsky
Karl Schwillinsky

Bachforellenfilets mit Wurzelwerk in Verjus

Zutaten

2 Bachforellen (je 400 g), filetiert und entgrätet

1 Flasche Kamptalverjus (bio)

1 mittelgroße Karotte

1 mittelgroße gelbe Karotte

1 kleine Lauchstange oder Frühlingszwiebel

Pfefferkörner

1 Lorbeerblatt

1 Thymianzweig

Prise Salz

Prise Zucker

Dille

Den Verjus in einen Topf oder eine Pfanne gießen, wo dann auch die vier Fischfilets nebeneinander Platz haben. Das Gemüse in feine Streifen schneiden, in den Topf geben und mit den Gewürzen und Kräutern aufkochen, bis das Gemüse fast weich ist. Die Fischfilets einlegen und von der Hitze nehmen. Das Gemüse mit den Filets darf jetzt keinesfalls kochen, nur mehr ziehen. Je nach Dicke der Filets sind diese dann nach 4–6 Minuten fertig.

Die Fischfilets in vorgewärmten, tiefen Tellern anrichten. Den Sud noch einmal aufkochen und die Filets damit übergießen. Mit etwas Dille garnieren. Dazu passen Salzkartoffeln.

Dieses Rezept eignet sich hervorragend auch für Karpfen oder Wels. Dann kann es aber herzhafter sein, zum Beispiel durch die Beigabe von viel Kren und Schnittlauch zum Schluss.

Tipp vom Profi

Die Fischfilets in den Sud einlegen und nur ziehen lassen, dann wird der Fisch ganz zart!

Michael Malat
Weingut Malat

Gebratener Donauwaller mit Fenchel-Mirabellen-Gemüse und Püree von Urkarotte und Süßkartoffel

In diesem Fall war mal der 2012 MALAT Kremstal Reserve Riesling Silberbichl 1ÖTW Erste Lage der Ausgangspunkt.

Mit Isa hab ich besprochen, dass es ein heimischer Donaufisch sein soll – wir haben uns dann auf den Wels geeinigt. Den hab ich mir dann von einem heimischen Fischer geholt und frisch filetieren lassen.

Auf der Böschung einer meiner Weingärten steht ein alter Mirabellenbaum, mit perfekt dunkelroten Mirabellen. Das ist doch was.

Nachdem ich gerne Fenchel mag und der auch sicher gut zum Wels passt, gibt's also ein Fenchel-Mirabellen-Gemüse. Dazu hab ich den geschnittenen Fenchel in Olivenöl angebraten und mit Salz und Pfeffer gewürzt; die frisch gepflückten Mirabellen (Foto) hab ich entkernt und in einer separaten Pfanne mit ordentlich Honig kurz karamellisieren lassen, dann mit dem „Riesling Silberbichl 1ÖTW" abgelöscht. Das alles sollte man wirklich ganz schnell erledigen, damit die Mirabellen nicht „gatschig" werden. Dann den Fenchel und ein paar Kräuter (Petersilie und Thymian) dazugeben – fertig.

Im Nachhinein hab ich mir gedacht, dass man zu den Mirabellen noch eine Handvoll Rosinen hätte geben können, dann wär das Fenchel-Mirabellen-Gemüse vielleicht noch etwas „runder" und „süßer" geworden; so war es eher auf der säurehaltigen Seite, aber dafür sehr leicht und erfrischend.

Als „Sättigungsbeilage" gab es ein Püree von Süßkartoffel und Urkarotte. Urkarotten und Süßkartoffeln schälen, in Stücke schneiden und in Salzwasser weich kochen. Wasser abgießen, etwas Milch dazugeben und grob pürieren. Zum Schluss mit Muskatnuss, Salz und Pfeffer würzen und ein Stück Butter zugeben. Etwas Petersilie als Deko drüberstreuen – fertig.

Den Wels hab ich auf unserer Grillplatte im Hotel gebraten. Die frischen Welsfilets auf der Hautseite zuerst mit Zitrone beträufeln, anschließend ganz leicht mit Mehl und ein paar Fenchelsamen einstauben (nicht zu viel). Auf der Hautseite dann mit Olivenöl langsam braten (das ging eigentlich recht schnell). Etwas Zitrone daraufträufeln – perfekt.

Weinempfehlung

Kremstal Reserve Riesling Silberbichl 1ÖTW Erste Lage

Der Silberbichl ist ja auch ein eher komplexer Riesling, mit viel Extrakt und Körper, und harmoniert somit auch perfekt mit dem Wels, auch mit dem leicht süßlichen Püree.

MALAT
Riesling
Silberbichl
Kremstal Reserve

Gutshofrestaurant Prandtauerhof
Familie Holzapfel

Huchenfilet mit Marillen-Senf-Kruste,
Erdäpfelpaunzen, Blattspinat und roten Pfeffermarillen

Zutaten

Marillen-Senf-Kruste:
2 EL Senfkörner
240 g weiche Butter
4 EL scharfer Senf
2 EL Marillensenf
60 g Weißbrotbrösel
etwas Marillenmarmelade
1 EL getrocknete Marillen

Huchenfilet:
1 kg Huchenfilet
Salz, Pfeffer
Zitrone, Thymian
Butter, Olivenöl

Blattspinat:
500 g junger Spinat
2 Schalotten
1/16 l Riesling Vorderseiber Smaragd
Salz, Pfeffer, Muskat

Erdäpfelpaunzen:
500 g mehlige Erdäpfel
200 g griffiges Mehl
4 Dotter
1 EL Sauerrahm
1 EL Crème fraîche
Salz, Pfeffer, Muskat

Pfeffermarillen:
6 Marillen
2 cl Apfelbalsamessig
6 cl Marillensaft
2 EL Zucker
Salz, Pfeffer
Thymian
rosa Pfefferbeeren

Für die Marillen-Senf-Kruste die Senfkörner in Salzwasser weich kochen. Getrocknete Marillen klein hacken. Butter sehr schaumig rühren und alle restlichen Zutaten mit einer Teigspachtel unterrühren. Süßlich pikant abschmecken und mithilfe einer Frischhaltefolie zu einer Rolle formen und kalt stellen.

Die Filets entgräten und portionieren. Mit Salz und Pfeffer würzen und in Olivenöl auf der Hautseite braten. Mit Butter, Thymian und Zitrone in einer Pfanne kurz durchschwenken. Der Fisch soll noch leicht glasig sein. Die Kruste in dünne Scheiben schneiden, auf den Fisch legen und gratinieren.

Blattspinat waschen und trocken schleudern. Schalotten schälen und in kleine Würfel schneiden, in etwas Butter glasig anschwitzen und mit Riesling Vorderseiber Smaragd ablöschen. Spinat dazugeben und mit Salz, Pfeffer und frischer Muskatnuss abschmecken.

Erdäpfel kochen, schälen und pressen. Mit den restlichen Zutaten zu einem glatten Teig verkneten. Daumendicke Rolle formen, ca. 3 cm große Stücke abschneiden und mit dem Daumen und Zeigefinger einmal leicht zusammendrücken. Die Paunzen in heißem Fett rausbacken. Danach leicht salzen.

Marillen waschen, entkernen und vierteln. Zucker in einer Pfanne karamellisieren, mit Marillensaft und Essig ablöschen. Gewürze dazugeben und ca. 2 Minuten einkochen. Marillen dazugeben und einmal aufkochen lassen. Sofort in Gläser abfüllen und verschließen.

Alles anrichten und die eingelegten Pfeffermarillen leicht anwärmen und dazugeben.

Tipp vom Profi

Ich mache immer eine größere Menge von der Marillen-Senf-Kruste und friere sie ein. Bei Bedarf herausnehmen, in dünne Scheiben schneiden und den Fisch damit überbacken. Dazu passt ein Riesling Vorderseiber Smaragd, Weingut Holzapfel.
Barbara Holzapfel

Lenz Moser

Saiblingsfilet mit Kohlrabi-Dill-Gemüse

Zutaten

2 küchenfertige Saiblinge à 300 g (oder 4 Filets)
2 Kohlrabi
1 kleiner Bund Dille
250 ml Fischfond
1 Schuss Grüner Veltliner
Salz
Pfeffer
Muskatnuss
1 Msp. Curry
Zitronenpfeffer
2 EL Olivenöl

Saiblinge mit einem scharfen Messer filetieren. Die Gräten mit einer Pinzette sorgfältig herausziehen. Filets mit Salz, Zitronenpfeffer sowie Olivenöl marinieren und mit Frischhaltefolie abgedeckt bei Zimmertemperatur ca. 30 Minuten ziehen lassen.

Währenddessen in einem Topf den Fischfond mit dem Grünen Veltliner aufkochen. Kohlrabi schälen, in 3 mm dicke Scheiben schneiden und im Fischfond bissfest kochen. Herausheben und warm stellen.

Fischfond weiter bis zur Hälfte einkochen lassen. Mit Salz, Pfeffer, Muskatnuss und etwas Curry abschmecken. Dille zupfen, einmengen und mit dem Stabmixer schaumig aufmixen.

Inzwischen Saiblingsfilets entweder im Dampfgarer bei 95 °C ca. 12 Minuten garen oder eine Schale Wasser im Backrohr auf 180 °C erhitzen. Saiblingsfilets auf einer feuerfesten Platte hineinschieben und ca. 6–8 Minuten garen.

Die warmgestellten Kohlrabischeiben auf vorgewärmten Tellern anrichten, mit Dillsauce übergießen und Saiblingsfilets daraufsetzen.

Als Beilagen: Salzerdäpfel oder Erdäpfelsoufflé.

Weinempfehlung

Lenz Moser Prestige Grüner Veltliner

Zarte gelbgrüne Farbe, spritzig mit würzig-pfeffriger Note, jugendlich frische Säure, schöne Trinkfreudigkeit. Passt mit seiner feinen Fruchtigkeit hervorragend zu Fisch und Gemüse.

Gutsgasthaus „Zum Herztröpferl“

Familie Siess

Filet vom Neusiedler-See-Zander mit Paradeiser-Risotto und Basilikum-Pesto

Zutaten

1,5 kg Zander vom Neusiedler See (vom Fischer filetieren lassen), 180–200 g pro Person

Brösel-Mehl-Mischung

Risotto:

5 EL Olivenöl

1 Zwiebel

2 Knoblauchzehen

400 g Risottoreis (Langkornreis)

200 ml Weißwein

400 g Paradeiser

150 g Kirschparadeiser

1 l Suppe

100 g Parmesan

Basilikum-Pesto

Zanderfilet auf der Hautseite einschneiden und nur auf der Hautseite Brösel-Mehl-Mischung auf das Filet geben.

Bevor der Risotto fertig wird, das Zanderfilet langsam auf der Hautseite anbraten und im Rohr bei etwa 150 °C ca. 10–12 Minuten fertig garen, damit der Fisch auch innen saftig bleibt.

Tipp: Mit einer dünnen Gabel oder einem Zahnstocher in das Filet hineinstechen; gibt es keinen spürbaren Widerstand, ist das Filet glasig und saftig!

Für den Risotto Zwiebel und Knoblauch klein schneiden, Olivenöl erhitzen, Zwiebel und Knoblauch darin anschwitzen, danach den Reis zugeben, kurz durchrühren und mit Wein ablöschen. Aufkochen lassen und die klein geschnittenen Paradeiser dazugeben.

Mit der Suppe nach und nach aufgießen, sodass der Reis immer mit Flüssigkeit bedeckt ist. Wichtig ist, auf kleiner Flamme zu arbeiten und immer wieder umzurühren, damit sich der Reis nicht anlegt.

Nach ca. 20 Minuten, wenn der Reis bissfest ist, den Parmesan unterrühren, damit der Risotto schön cremig wird.

Ganz zum Schluss mit den Kirschparadeisern den Risotto verfeinern.

Den Risotto mit dem Zanderfilet auf schönen Tellern anrichten und mit dem Basilikum-Pesto garnieren.

Weinempfehlung

Leithaberg Weiss DAC, Weingut MAD

In der Nase dominiert der Pinot Blanc mit hell nussiger Würze und Ringlotten, auch Melisse und Birnenmark; saftiger Fruchtbogen mit schlanker Mitte und zart mineralischem Unterfutter, kernige Textur, seriös, angenehm trocken und entsprechend trinkanimierend.

www.weingut-mad.at

LEITHABERG DAC
MAD
Chardonnay - Pinot Blanc
2011

Schloss Gamlitz
Jolanda Melcher

Beschwipste Henne mediterran

Zutaten

1 Huhn (ca. 1 1/2 kg)

je 1 grüne und gelbe Zucchini

1 Bund Jungzwiebeln

1 Packung Paprika Trikolore

2 große Karotten

1 Melanzani

250 g Kartoffeln (Heurige), vorgekocht

etwas Obst (Feigen, Äpfel, Pflaumen)

Kräuter (Salbei, Thymian, Rosmarin, Zitronenminze, Basilikum, Petersilie)

Salz, Pfeffer

Olivenöl

etwas Ahornsirup (oder Honig)

guter Welschriesling

Äpfel entkernen und grob würfeln. Pfanne mit Olivenöl erhitzen, Äpfel, Feigen und Pflaumen anschwitzen, mit Salz, Pfeffer, Rosmarin sowie Zitronenminze würzen und mit Ahornsirup und Weißwein ablöschen. Vom Herd nehmen und abkühlen lassen.

Das Huhn waschen und innen würzen, Salbei unter die Haut schieben und mit der Obstmischung füllen. Mit Spießen verschließen.

Gemüse würfeln und in der Pfanne mit Olivenöl anrösten. Den Rest der Fülle dazugeben, salzen, pfeffern und mit den Kräutern abschmecken.

In einer Ofenform das Gemüse verteilen und das Huhn daraufsetzen. Bei 170 °C in den Ofen geben und ca. 1 1/2 Stunden braten. 15–20 Minuten auf 185 °C nachbraten, bis das Huhn eine schöne Farbe zeigt.

Weinempfehlung

Chardonnay (Morillon)

Eleganter, vielschichtiger Duft; extraktreich mit schöner Säure; Erdbeere oder Vanille kommen zum Vorschein. Kräftiger Körper, cremig und weich am Gaumen, ein Wein für Kenner und Genießer, ideal zur steirischen, aber auch mediterranen Küche.

Rudi Rabl
Weingut Rabl

Maishendlbrust in Pergament

Zutaten

4 Maishendlbrüste

1 große gewürfelte Zwiebel

je 1 roter, gelber und grüner mittelgroßer Paprika, würfelig geschnitten

ca. 120 g Frühstücksspeck, würfelig geschnitten

250 g frische Pilze, Champignons oder Pilze der Saison, blättrig geschnitten

Salz, Pfeffer

etwas Pflanzenöl

1 Schuss Grüner Veltliner

Kräuter zum Garnieren

Backpapier

Die ausgelösten Maishendlbrüste (der erste Flügelknochen kann gerne noch dranbleiben) mit Salz und Pfeffer würzen und in einer Pfanne mit etwas Öl rundherum scharf anbraten. Vier etwa quadratische Blätter Backpapier von der Rolle abschneiden. Die angebratenen Brüste auf das Backpapier legen.

Speck, Zwiebel, Pilze in die Pfanne geben und gut durchrösten. Die Paprikawürfel dazugeben, kurz durchrösten, mit Grünem Veltliner abschmecken und etwas salzen und dann auf die vier Hendlbrüste verteilen. Jetzt kann man auch frische Gartenkräuter dazugeben.

Vier Päckchen falten und auf ein Backblech legen. Im vorgeheizten Backrohr etwa 10 Minuten bei 180 °C garen. Danach die Päckchen noch etwa 5 Minuten ungeöffnet rasten lassen.

Auf Teller legen und mit Petersilerdäpfeln extra servieren.
Die Gäste dürfen die Päckchen selbst am Tisch öffnen.

Weinempfehlung

Riesling „Schenkenbichl" Kamptal DAC Reserve

Schenkenbichl besitzt Urgesteinsböden mit einer Auflage aus Kalkstein. Das gibt den Weinen schöne Mineralik und weiche, cremige Nuancen. Extraktsüß und schmelzig mit Marillen, Pfirsich und Ananas am Gaumen. Insgesamt präzise und delikat. Gutes Lagerpotenzial.

Gut Pössnitzberg
Kreuzwirt

Steirisches Backhenderl mit Brut-Blanc-Panade

Zutaten

2 Hühner à 900 g

4 Eier

1/8 l Brut Blanc von Polz

1 EL Obers

150 g Semmelbrösel

300 g Butterschmalz

4 Zitronenscheiben

90 g Mehl

etwas Blattpetersilie für die Garnitur

Pfeffer, Salz

Salat:

600 g festkochende Kartoffeln

200 ml Fleischbrühe

1 Salatgurke

3 EL gewürfelte Schalotten

1 EL Butter

7 EL Balsamicoessig weiß

1 EL mittelscharfer Senf

6 EL Pflanzenöl

4 EL Kürbiskernöl

weißer Pfeffer, Salz

Für den Kartoffel-Gurken-Salat die Kartoffeln kochen, abgießen, schälen, auskühlen lassen, in dünne Scheiben schneiden und in eine Schüssel geben. Gurke schälen, der Länge nach halbieren, entkernen, in dünne Scheiben schneiden und zu den Kartoffeln geben. Butter in einem Topf schmelzen und Schalotten darin andünsten. Mit Essig ablöschen, Brühe dazugießen und etwas einkochen.

Senf einrühren, alles salzen und pfeffern. Kartoffeln und Gurken mit heißer Marinade und Pflanzenöl gut mischen und 30 Minuten durchziehen lassen.

Für das Backhendl die Hühner in Brustfleisch samt anhängenden Flügeln sowie Keulen zerlegen. Aus den Oberschenkeln die Knochen auslösen. Butterschmalz in einer Pfanne mit hohem Rand auf 170 °C erhitzen. Eier und das Obers in einem tiefen Teller verquirlen und den Brut Blanc unterheben. Die Hühnerteile salzen und pfeffern, dann in Mehl wenden, durchs Ei ziehen und mit den Bröseln panieren.

Die Hühnerteile portionsweise in Schmalz goldgelb ausbacken und auf Küchenpapier entfetten. Anschließend die Petersilie mit Stiel im Fett frittieren.

Den Salat abschmecken, auf vier Tellern anrichten und mit je 1 EL Kürbiskernöl beträufeln. Je ein Brust- und Keulenstück daraufsetzen und mit frittierter Petersilie und Zitronenscheiben garnieren.

Tipp vom Profi

Zur Panade hat man früher einen Schuss Sodawasser gegeben, damit sie locker und knusprig wird. Für die raffinierte Küche nehmen wir einen Schuss Brut Blanc!"

Thomas Prenneis, Gastgeber

MÉTHODE TRADITIONNELLE
BRUT BLANC
Polz

Gutsgasthaus „Zum Herztröpferl“

Familie Siess

Gansl mit Rotkraut

Zutaten

- *1 Gans (ca. 4 kg)*
- *1 l Hühnersuppe*
- *1 Kopf Rotkraut*
- *3 Zwiebeln*
- *1–2 EL Butterschmalz*
- *1/4 l Rotwein*
- *4 Gewürznelken*
- *3 Lorbeerblätter*
- *5–7 EL guter Essig*
- *Salz, Pfeffer (am besten frisch gemahlen)*
- *1 EL Zucker*
- *ca. 350 ml Preiselbeeren (je nach Geschmack)*
- *5 EL Schlagobers*
- *2 EL Mehl*
- *3–4 Äpfel*
- *1 TL Majoran*

Gans waschen, trocken tupfen. Innen mit Salz und Pfeffer, außen nur mit Pfeffer einreiben. Äpfel schälen, entkernen und würfeln. Mit Majoran mischen. Die Füllung in die Gans geben. Öffnung mit Spießchen zustecken.

Flügel unter den Rücken stecken, Gans auf den Rost (mit der Fettpfanne darunter) legen und 1/8 l Wasser angießen. Im heißen Ofen (E-Herd: 200 °C / Umluft: 175 °C / Gas: Stufe 3) ca. 3 1/2 Stunden braten. Nach 30 Minuten Suppe nach und nach angießen.

Rotkraut fein schneiden. Zwiebeln schälen und würfeln. Beides in heißem Butterschmalz andünsten. Ein Viertel Rotwein zum Ablöschen dazugeben. Gewürze, Essig, Zucker und Preiselbeeren zugeben. Mit Salz und Pfeffer würzen und gut 1/4 l Wasser angießen. Zugedeckt ca. 1 Stunde schmoren lassen.

Die Gans in den letzten 10 Minuten mit stark gesalzenem Wasser (oder je nach Geschmack mit Wasser-Honig-Mischung) einpinseln und bei größter Hitze knusprig braten. Warm stellen. Fond durchsieben und gut entfetten. Bratensatz mit 1/8 l Wasser lösen. Mit Schlagobers zum Fond gießen und aufkochen. Mehl mit etwas Wasser anrühren und den Fond damit binden; ca. 5 Minuten köcheln lassen, abschmecken und als Sauce zur Gans servieren. Das Rotkraut abschmecken.

Die Gans tranchieren, auf vorgewärmten Tellern anrichten und mit Serviettenknödeln als Beilage servieren.

Weinempfehlung

Blaufränkisch Marienthal, Weingut MAD

Dunkles Rubingranat, kühl und kompakt gleichermaßen, Brombeeren, Wildkirschen und Orangenzesten, auch Pfefferminze, Anis; ziemlich ätherisch, viel Kraft und Eleganz, reife Noten von Brombeere und Weichsel, viel dunkle Würze um die Mitte, schon merklich Holz, aber auch perfekte Tanninstruktur, tolle Länge.

www.weingut-mad.at

Reinhold Krutzler
Weingut Krutzler

Eisenberger Bauernente mit Grießschnitte und Muskatkürbis

Zutaten

4 Entenkeulen
Majoran, Beifuß
Salz, Pfeffer
1/8 l Blaufränkisch

Grießschnitte:

1/2 l Milch
1/2 TL Salz
Pfeffer, Muskatnuss
150 g Hartweizengrieß
2 Eier
2 EL Butter
Fett für das Blech

Muskatkürbis:

1 EL Schweineschmalz
1 Zwiebel
1 kg Muskatkürbis, grob gehobelt
Salz, Pfeffer
Kümmel, Chili
1 Knoblauchzehe

Die Keulen mit Salz, Pfeffer, Beifuß und Majoran einreiben und in eine Bratpfanne legen. Die so vorbereiteten Keulen einige Zeit ziehen lassen. Nach dem Ziehen die Keulen bei 140 °C ca. 1 Stunde sanft braten. Zwischendurch ein- bis zweimal einen Schuss Blaufränkisch beigießen und die Keulen mit diesem Saft übergießen.

Für die Grießschnitte Milch mit Salz, Pfeffer und Muskatnuss aufkochen und den Grieß einrühren. Die Masse überkühlen lassen. Die Eier trennen, das Eiweiß steif schlagen. Das Eigelb unter die Grießmasse rühren und das geschlagene Eiweiß anschließend unterheben. Den Teig ca. 2 cm dick auf ein befettetes Backblech streichen.

Die Grießschnitten im vorgeheizten Backrohr bei ca. 170 °C 15 Minuten backen. Das Blech aus dem Rohr nehmen, die Schnitten mit geschmolzener Butter einpinseln und in Stücke schneiden.

Für den Kürbis die Zwiebel klein schneiden und im Schweineschmalz in einer Pfanne anrösten. Den grob gehobelten Muskatkürbis beigeben. Chili und Knoblauch klein schneiden und ebenfalls dazugeben. Das Ganze mit Salz, Pfeffer und Kümmel abschmecken und ca. 10 Minuten köcheln lassen.

Den Kürbis auf einem Teller anrichten, Grießschnitte und Entenkeule platzieren und das Gericht mit dem Saft der Keulen finalisieren.

Wenn die Grießschnitte als Hauptspeise mit Salat serviert wird, so kann man in die Masse 50 g geriebenen Bergkäse einarbeiten.

Weinempfehlung

Eisenberg DAC Reserve

Blaufränkisch, ein Wein mit höchstem Qualitätsanspruch – mit größter Sorgfalt gekeltert und von den besten Lagen am Eisenberg und in Deutsch Schützen mit bis zu 30 Jahre alten Rebanlagen. Kräftig, würzig und mit ausgewogenen Tanninen. Mit hohem Lagerpotenzial. Ideal zur Ente.

Hans Topf
Weingut Johann Topf

Rosa Frischlingsrücken auf Gnocchi mit Eierschwammerln

Zutaten

4 Stück geputzter Frischlingsrücken (oder Rehrücken) à 170 g

1 Rosmarinzweig

1/8 l Madeira

Butter, Pflanzenöl

etwas Suppe oder Fond

250 g frische Eierschwammerln oder andere Pilze

Petersilie

etwas Rosmarin zum Garnieren

Gnocchiteig:

500 g Erdäpfel, am Vortag gekocht und geschält

150 g Erdäpfelstärke

50 g Hartweizengrieß (oder normaler Weizengrieß)

25 g flüssige Butter

Salz, weißer Pfeffer

Muskat

Für den Gnocchiteig die Erdäpfel durch die Erdäpfelpresse drücken oder fein reiben und mit den restlichen Zutaten zu einem Teig verkneten. 20 Minuten kalt rasten lassen. Dann zu fingerdicken Strängen ausrollen und mit der Teigkarte Gnocchi abstechen. Diese etwa 7 Minuten in Salzwasser wallend kochen und mit einem Siebschöpfer oder kleinen Sieb aus dem Kochwasser in eine Schüssel mit kaltem Wasser schöpfen. Bis zur weiteren Verarbeitung können die Gnocchi im Wasser bleiben.

Die Frischlingsrückenteile mit Salz und Pfeffer würzen, in Öl mit einem Stück Butter und einem Rosmarinzweig rundum scharf anbraten und dann für etwa 6 Minuten bei 160 °C ins vorgeheizte Backrohr geben. Dann aus der Pfanne nehmen und entweder auf einen warmen Teller geben und warm stellen oder zum Rasten in Alufolie wickeln.

In der Zwischenzeit den Bratensatz in der Pfanne mit Madeira ablöschen und mit etwas Suppe oder Fond angießen. Ein wenig reduzieren lassen, ein nussgroßes Stück kalte Butter einrühren und durch ein feines Sieb seihen.

Die Eierschwammerln in Butter rösten, die Gnocchi noch einmal ins Kochwasser geben, wärmen und dann zu den Eierschwammerln geben. Mit Salz, Pfeffer und Petersilie würzen, auf warmen Tellern anrichten, das geschnittene Fleisch darauf platzieren, mit der Sauce begießen und mit etwas Rosmarin ausgarnieren.

Weinempfehlung

Grüner Veltliner Gaisberg Erste Lage Kamptal DAC Reserve

Der jüngste im Bunde der großen Weine, ein Experiment, die Traditionsrebsorte auf äußerst mineralischem Boden. Zehn Monate Reifezeit auf der Feinhefe. Grandiose Eleganz, mineralisch und fein ziseliert, mit vielschichtiger Fruchtigkeit und ausgeprägtem Charakter. Ein außergewöhnlicher Wein für Kenner.

Wachter-Wieslers Ratschen

Gerda Wiesler

Gebratene Wildschweinnuss in Rotwein an Béla-Jóska-Nudeln mit frischen Kräutern

Zutaten

1 Stück Wildschweinnuss, geputzt (ca. 600 g)

Salz, Pfeffer

Thymian

zerdrückte Wacholderbeeren

Olivenöl zum Anbraten

Blaufränkisch zum Ablöschen

Nudeln mit frischen Kräutern:

300 g Rotweinnudeln (Béla-Jóska-Nudeln)

reichlich Salzwasser zum Kochen der Nudeln

1/8 l Blaufränkisch

frische Kräuter nach Belieben, fein gehackt

gereifter Bergkäse

Blaufränkisch-Meersalz

Die Wildschweinnuss (Teil der Keule, saftiges Stück) mit den Gewürzen einreiben und für einige Stunden ziehen lassen.

Die marinierte Nuss in Olivenöl von allen Seiten rasch anbraten und mit einem Schuss Blaufränkisch ablöschen. Anschließend wird die Wildschweinnuss im vorgeheizten Rohr bei 150 °C ca. 25 Minuten fertig gegart.

Die Béla-Jóska-Nudeln in reichlich Salzwasser ca. 8 Minuten bissfest kochen. In der Zwischenzeit die Kräuter hacken. Die Nudeln abseihen. In einer Pfanne den Rotwein kurz aufkochen, die Nudeln darin gut schwenken und die gehackten Kräuter untermengen.

Die Wildschweinnuss zum Servieren zweimal durchschneiden. Die Béla-Jóska-Nudeln mit Kräutern auf einem Teller anrichten, die aufgeschnittene Wildschweinnuss daneben platzieren und etwas Bratenfond angießen.

Das fertige Gericht mit Blaufränkisch-Meersalz und gehobeltem Bergkäse dekorieren.

Tipp: Während der Spargelzeit reichen wir zu diesem Gericht gerne Spargel-Liebstöckel-Pesto. Auch ohne das Fleisch sind die Béla-Jóska-Nudeln mit frischen Kräutern und dem Pesto ein sehr schönes Hauptgericht.

Weinempfehlung

„Ried Weinberg" Eisenberg DAC Reserve, Weingut Wachter-Wiesler

Mit tiefen Wurzeln holen die Reben Mineralität und Würzigkeit aus dem Boden. Aroma von dunklen Beeren und besonders weichem, lang anhaltendem Tannin. Würzig, ungemein mineralisch, klar und fokussiert, frisch, mit kühler Frucht und feiner Säure.

Christine Netzl
Weingut Franz und Christine Netzl

Wildschweingulasch

Zutaten

100 g Speckwürfel

3 große, klein geschnittene Zwiebeln

3 Knoblauchzehen

je 1 klein geschnittene Karotte, gelbe Rübe und Petersilienwurzel

1 kg Wildschweingulaschfleisch

ca. 1/2 l Wild- oder Rindsfond

1 EL Tomatenmark

3 EL Paprikapulver

Salz, Pfeffer

1 Lorbeerblatt

3 Wacholderbeeren

1/16 l Cuvée Anna-Christina

evtl. etwas Mehl

Speckwürfel in etwas Fett anbraten, Zwiebeln, Knoblauchzehen, Karotte, gelbe Rübe und Petersilienwurzel mitrösten. Wildschweingulaschfleisch würfelig schneiden, hineingeben und braun rösten.

Tomatenmark und Paprikapulver noch mitrösten, mit Salz, Pfeffer, Lorbeerblatt und Wacholderbeeren würzen.

Mit dem Fond und der Cuvée Anna-Christina aufgießen und 90 Minuten köcheln lassen. Wenn notwendig, mit etwas Mehl binden.

Als Beilage entweder Knödel oder Nockerln mit Orangen-Zimt-Rotkraut servieren!

Weinempfehlung

Anna-Christina

Aus den drei besten Lagen vereint die Cuvée die Würze des Zweigelts, die kernige Frucht des Cabernet Sauvignons und die samtige Dichte des Merlots. Kräftiges Rubingranat, würzige, dunkle Beerenfrucht, feine Extraktsüße, weiche Tannine, Charme und Länge.

anna-christina

Vulcano
Franz Habel

Kaninchen-Saltimbocca mit Vulcano Rohschinken auf Eierschwammerln mit Speckzwetschken

Zutaten

6 Tomaten

1 Schalotte

1 Knoblauchzehe

1/16 l Noilly Prat

1 Schuss Rotwein

Salz und Pfeffer aus der Mühle

1 Lorbeerblatt

1 Handvoll gehacktes Basilikum

6 EL Erdnussöl

250 g Eierschwammerln

4 Kaninchenfilets

4 Scheiben sehr dünn geschnittener Vulcano Rohschinken

8 mittelgroße Salbeiblätter

1 EL Erdnussöl

4 Speckzwetschken (getrocknete, entkernte Zwetschken, die mit geräuchertem Speck umwickelt werden)

Vier Tomaten kreuzweise auf der Unterseite einschneiden und in heißem Wasser ca. 5–10 Sekunden blanchieren. Mit kaltem Wasser abschrecken, enthäuten, entkernen und die Filets vierteln. Kerne, Saft und Haut beiseitestellen.

Eine halbe geschälte Schalotte und eine halbe Knoblauchzehe fein würfeln und in 2 EL Erdnussöl anschwitzen. Von den ausgelösten Tomatenfilets die Kerne, den Saft und die Haut dazugeben. Die zwei restlichen Tomaten vierteln, den Strunk entfernen und ebenfalls zugeben. Mit Lorbeer, Salz, Pfeffer, einer Prise Zucker, Tomatenmark, Rotwein und dem Noilly Prat weich köcheln lassen. Pürieren und durch ein feines Sieb passieren.

Eierschwammerln waschen, grob schneiden. Restliche geschälte Schalotte und halbe Knoblauchzehe fein würfeln, mit den Eierschwammerln in 4 EL Erdnussöl weich dünsten und in die Sauce geben.

Die Filets zuputzen, mit Salbei und dem Vulcano Rohschinken umwickeln. In wenig Erdnussöl an allen Seiten sanft anbraten und bei kleiner Flamme ziehen lassen oder im Rohr bei 100 °C 5–8 Minuten nachziehen lassen.

Fertigstellen: Die Tomatenfilets und die in Scheiben geschnittenen Speckzwetschken zur Schwammerlsauce geben und wärmen.

Kurz vor dem Anrichten Basilikum zufügen. Saltimbocca einmal quer durchschneiden und daraufsetzen.

Tipp: mit Asmontespänen (Hartkäse aus Österreich) garnieren.

Weinempfehlung

Merlot Cabernet Wielitsch, Weingut Georgiberg

Die Lage Wielitsch ist geprägt vom Muschelkalk-Anteil. Dunkles Rubin, Duft nach dunklen Beeren, kombiniert mit dunkler Schokolade. Füllig weich am Gaumen, feine Tannine mit eleganter Mineralik, kräftiger Abgang.

Hans Pitnauer
Weingut Familie Pitnauer

Pfeffersteak vom Wildhasen

Zutaten

1 Wildhasenrücken (2 Filets à 40–60 g)
grobes Meersalz
Thymian
gemahlener Wacholder
Olivenöl
4 Speckscheiben
1 TL Butterflocken (1 St. kalte Butter)
3–4 Thymianzweige
1 EL gemischte, frisch gehackte Kräuter
50 ml Balsamicoessig
200 ml Rotwein

Rahmiger Kohl

1 kl. Kohlkopf, in Streifen geschnitten
100 g fein geriebene Champignons
1 TL gemahlener Kümmel
Salz, Pfeffer
1 EL Olivenöl
4 EL Crème fraîche

Erdäpfelpüree

ca. 700 g mehlige Erdäpfel
200 g Butter, Muskatnuss

Kohl in Olivenöl in einer Pfanne anschwitzen, Gewürze dazugeben, geriebene Champignons daruntermischen, ca. 12 Minuten garen, mit Crème fraîche glatt rühren und abschmecken.

Vom Wildhasenrücken die Filets runterlösen, Silberhaut wegschneiden, Filets der Länge nach durchschneiden und mit Frischhaltefolie leicht plattieren. Jeweils 2 halbe Filets hintereinander überlappt auflegen, mit Meersalz, Thymian, Wacholder leicht würzen, mit etwas Olivenöl bestreichen, mit je 2 dünnen Speckscheiben belegen und zu einer Schnecke zusammenrollen. Mit einem Holzspieß fixieren und in einer Pfanne mit geklärter Butter bei ca. 120 °C schonend anbraten. Wenn die Butter aufschäumt, Thymianzweige dazugeben und mit einem Löffel den heißen Butterschaum immer wieder über die Steaks gießen (je Seite für ca. 4 Minuten). Steaks aus der Pfanne nehmen, mit Meersalz und Pfeffer würzen, mit fein gehackten Kräutern bestreuen, einzeln in Alufolie wickeln und kurz rasten lassen.

Den Bratenrückstand leicht stauben, mit Essig ablöschen, mit Wein aufgießen, würzen, einkochen, bis der Saft leicht sirupartig ist, eine Messerspitze kalte Butter hineingeben, glatt rühren und das angerichtete Steak mit einem Löffel Sauce umgießen.

Die Erdäpfel schälen und in Salzwasser weich kochen, Wasser abseihen und zugedeckt ca. 10 Minuten ausdämpfen lassen. Butter schmelzen, Erdäpfel stampfen und die Butter in die Erdäpfel einrühren, mit Salz und Muskatnuss abschmecken.

Weinempfehlung

„Bienenfresser" Zweigelt Reserve

Dunkle, rubinrote Farbe, sehr volles Fruchtfleisch schon in der Nase, intensive reife Kirsche, unterlegt mit Schokolade und Nuss-Nougat, cremige Textur, saftig und anschmiegsam, gut strukturierte Tannine. Reif und saftig bis zum langen, milden Abgang.

Die Burgundermacher

Rezept: Thomas Hüttl – das Kochatelier

Burgunderbraten vom Reh mit getrüffelter weißer Creme-Polenta

Zutaten

1 kg ausgelöste Rehkeule
1 l Pinot Noir
500 g Suppengemüse
250 g Champignons
4 Pomodori Secchi (8 Scheiben)
1 Rote Zwiebel
4 EL Mehl, 1 EL Zucker
10 Schalotten
1–2 EL Butterschmalz
2 TL Butter
2 Lorbeerblätter
1 TL Pfefferkörner, Salz
1/2 Zitrone (Schale)
1 TL Maizena und 1 EL kaltes Wasser

Polenta:

100 ml weißer feiner Maisgrieß
30 ml Jus de truffes (= Trüffelwasser; Trüffelöl, -salz, -butter etc.)
220 ml Wasser, 80 ml Obers
2–3 EL Olivenöl, Salz

Suppengemüse waschen, Enden großzügig schräg abschneiden, Schalen und Abschnitte aufheben. Champignons trocken abpinseln, die Stiele bis auf 1–2 cm abschneiden und aufheben. Fleisch über Nacht in 800 ml Pinot Noir mit den Gemüseabschnitten, Pomodori, Lorbeer und Pfefferkörnern einlegen.

Zwiebel schälen und fein schneiden. Fleisch trocken tupfen, in Mehl wenden, in einer tiefen Pfanne rundum in Butterschmalz anbraten, dabei leicht salzen. Gegen Ende die Rote Zwiebel zugeben und kurz weiterbraten. Beize wieder zugeben, aufkochen lassen. Anschließend auf sehr kleiner Flamme ca. 1 1/2 Stunden halb zugedeckt sieden lassen. Schalotten schälen, Strünke dranlassen, exakt halbieren, in Butter und Zucker anbraten, ein wenig Farbe nehmen lassen, salzen und mit 200 ml Wein ablöschen. Schmoren, bis der Wein verdunstet ist. Gemüse in 5 mm dicke mundgerechte Scheiben schneiden, in Butter anschwitzen, salzen und immer zugedeckt auf kleinster Stufe 15 Minuten weich schmoren. Lauch nach 10 Minuten zugeben. Champignons rundum scharf anbraten und zum Schluss hin salzen.

Fleisch aus dem Saft nehmen und in Folie bei 70 °C warm halten. Die Sauce abseihen und ein paar Pomodori zur Sauce geben. Um mindestens ein Drittel einkochen, Gemüse zugeben, salzen und mit etwas Zitronenschale abschmecken. Maizena mit Wasser anrühren, einrühren, einmal aufkochen lassen, Fleisch zugeben und ziehen lassen.

Für die Polenta Wasser mit Öl aufkochen, Grieß einrühren, nach 3 Minuten Obers und Trüffelsaft zugeben, bis zur gewünschten Konsistenz weiterrühren und abschmecken. Fleisch aufschneiden, mit Sauce und Gemüse übergießen und mit der Polenta servieren.

Weinempfehlung

Der Pinot Noir

Als „Diva“ unter den Rebsorten bezeichnet. Typisch für den Pinot Noir ist sein helles, durchscheinendes Ziegelrot. Verantwortlich dafür sind die wenigen Farbstoffe in den zarten Beerenhäuten. Spiegelt die ausgeprägte mineralische Note des Terroirs wider.

Bittermann – Vinarium Göttlesbrunn
Adi Bittermann

Rehrücken mit Artischockengröstl und Lavendelsauce

Zutaten

1 kg ausgelöster Rehrücken
grobes Meersalz
10 Thymianzweigerl
20 g Butter

Lavendelsauce:

2 Schalotten
250 ml Zweigelt
100 ml Wildfond
2 EL Preiselbeeren
frisch gezupfter Lavendel
20 g kalte Butter

Artischockengröstl:

4 rohe Erdäpfel
etwas Öl
4 gekochte Artischockenböden
Salz, Pfeffer
Zitronensaft, Olivenöl
etwas fein gehackter Thymian
eingelegte Kirschen

Rehrücken in 4 Teile schneiden, salzen, rundum anbraten, mit den Thymianzweigerln und Butterflocken belegen und in Alufolie rasten lassen, damit sich der Fleischsaft stabilisiert.

Für die Lavendelsauce den Bratenrückstand abschöpfen, Schalotten kurz darin sautieren, mit Zweigelt ablöschen, einreduzieren, mit Wildfond aufgießen, weiter einreduzieren, Preiselbeeren dazugeben, glatt verrühren, mit frisch gezupftem Lavendel aromatisieren und mit kalter Butter montieren, damit die Sauce einen schönen Glanz erhält.

Für das Artischockengröstl Erdäpfel kleinwürfelig schneiden, in etwas Öl knusprig frittieren und das Öl abseihen. Erdäpfelwürferl kurz in der Pfanne weiterrösten, die gekochten Artischockenböden würfeln, kurz mitrösten, salzen, pfeffern, mit Zitronensaft und Olivenöl abschmecken, mit etwas fein gehacktem Thymian abschmecken und anrichten. Rehmedaillons daraufsetzen, mit eingelegten Kirschen dekorieren und mit der Lavendelsauce ausgarnieren.

Tipp vom Profi

Beim Rehrücken darauf achten, dass er frisch verarbeitet wird, dann bleibt er zart und saftig. Lavendelsauce nicht zu lange einkochen, sonst wird sie bitter.

Klostergasthaus, Freigut Thallern
Florian Fritz

Geschmorte Hirschkalbschulter
mit cremiger Rotgipfler-Polenta und gebratenen Steinpilzen

Zutaten

1 Hirschkalbschulter (2 1/2 – 3 kg), vom Wildbrethändler auslösen, rollen und binden lassen

2 Thymianzweige

Wacholderbeeren

Salz, Pfeffer aus der Mühle

1/2 l kräftiger Rotwein

3/4 l Wildfond

2 Bund Suppengrün, in grobe Stücke geschnitten

2 Zwiebeln

4 EL Preiselbeeren

Öl und Butter zum Braten

Polenta:

150 g Polentamehl

250 ml Milch

250 ml Gemüsebrühe

1/8 l Rotgipfler

50 g Butter

2 Lorbeerblätter

Olivenöl, Muskat

Salz, Pfeffer

Steinpilze:

8 kleine, feste Steinpilze

Olivenöl

Salz, Pfeffer

Die gerollte Hirschkalbschulter mit Salz und Pfeffer würzen und in einem feuerfesten Topf in heißem Öl rundum goldgelb anbraten. Das geschnittene Wurzelwerk, die Zwiebeln, einen Thymianzweig und Wacholderbeeren in den Topf geben und so lange mitrösten, bis das Gemüse leicht braun wird. Mit dem Rotwein ablöschen und dem Wildfond auffüllen. Einmal Aufkochen lassen und im Ofen bei 180 °C etwa 1 1/2 Stunden schmoren lassen.

Die Hirschkalbschulter aus der Flüssigkeit nehmen, in Folie einpacken und kurz rasten lassen. Die Sauce um etwa ein Drittel einkochen. Die einreduzierte Sauce von Thymian und Wacholderbeeren befreien, mit Preiselbeeren, Salz und Pfeffer abschmecken und mit einer Passiermaschine passieren.

Tipp: Orangenzesten und Grand Manier können zum Verfeinern beigegeben werden.

Für die cremige Polenta das Olivenöl in einer Pfanne erhitzen, das Polentamehl hinzugeben und ganz kurz anrösten. Mit dem Rotgipfler ablöschen und unter ständigem Rühren mit dem Schneebesen die Milch und die Gemüsebrühe nach und nach hinzugeben. Die Butter, die Lorbeerblätter und die Gewürze beimengen und alles auf die gewünschte Konsistenz einkochen lassen.

Die Steinpilze mit einem feuchten Tuch putzen und halbieren. In einer beschichteten Pfanne auf der Schnittseite mit etwas Olivenöl goldbraun anbraten und würzen.

Die Hirschkalbschulter auf der cremigen Polenta anrichten und die Sauce darübergießen. Mit Kräuterzweigen garnieren und die Steinpilzhälften ebenfalls auf dem Teller platzieren.

Tipp vom Profi

Zum Abschmecken der Polenta 2–3 Markscheiben dazugeben, um sie cremig und sämig zu machen.

Retter Seminar · Hotel · Restaurant
Jürgen Archam

Pöllauberger Lammleber mit Dörrbirnsauce und cremiger Rosmarinpolenta

Zutaten

700 g Lammleber
1 Zwiebel
5 Dörrbirnen
1/16 l Rotwein
350 ml Kalbsjus
500 ml Rindssuppe
Majoran
Salz, Pfeffer
etwas Öl
Petersilie

Polenta:

1 l Milch
1/2 l Hirschbirnsaft
1/2 l Gemüsefond
8 EL Polenta
1 Rosmarinzweig
1 Knoblauchzehe
Pfeffer

Öl in einer Pfanne erhitzen, die in feine Streifen geschnittene Zwiebel und die Dörrbirnen hineingeben und kurz anschwitzen. Danach mit Rindssuppe ablöschen, den Kalbsjus und den Rotwein dazugeben und etwa auf die Hälfte einreduzieren, bis die Zwiebel und die Dörrbirnen schön weich sind.

Die Lammleber enthäuten, in Streifen schneiden, mit Mehl stauben, mit Majoran würzen und in heißem Öl scharf anbraten (Leber nicht ganz durchbraten, da sie in der heißen Sauce noch nachzieht). Die fertige Sauce über die Leber gießen, mit gehackter Petersilie bestreuen, kurz durchschwenken und anrichten.

Für die Polenta Milch, Gemüsefond und Hirschbirnsaft aufkochen, Polenta einlaufen lassen, mit Knoblauch, Salz und Pfeffer würzen und auf kleiner Hitze ca. 20 Minuten kochen lassen. Den Rosmarin fein hacken und zum Schluss in die cremige Polenta einrühren. Abschmecken und anrichten.

Tipp vom Profi

Ganz wichtig bei der Lammleber ist es, die Haut abzuziehen und sie nicht durchzubraten. Sie sollte im Kern zartrosa sein!

Jürgen Archam, Küchenchef

Stift Göttweig
Stiftsrestaurant

Lammrücken mit gebratenem Gemüse, Trüffelerdäpfeln und Rotweinsauce

Zutaten
1 kg Lammrücken mit Knochen
Salz, Pfeffer
7 EL Olivenöl
1 Knoblauchknolle
4 Rosmarinzweige

Rotweinsauce:
5 Schalotten
1/2 l Rotwein
10 g Butter
90 g Butterflocken
Salz, frisch gemahlener Pfeffer, Prise Zucker

Gebratenes Gemüse:
je 200 g Karotten, gelbe Rüben, Pastinaken, Zucchini
100 g rote Zwiebeln
2 EL Honig
4 Thymianzweige
3 EL Olivenöl
Salz, frisch gemahlener Pfeffer

Trüffelerdäpfel:
800 g Trüffelerdäpfel
2 EL Olivenöl
grobes Meersalz

Das Fleisch auf der Fleischseite mit Salz und Pfeffer würzen und mit Olivenöl bestreichen. 3 EL Öl in einer Pfanne erhitzen, das Fleisch darin erst auf der Fleischseite, dann auf der anderen Seite anbraten. Knoblauchknolle quer halbieren und zusammen mit dem Rosmarin zum Fleisch geben. Im heißen Ofen bei 180 °C (Umluft 160 °C) auf der mittleren Schiene ca. 15 Minuten garen. Nach dem Garen 10 Minuten ruhen lassen.

Für die Rotweinsauce die Schalotten würfeln und in 10 g Butter anschwitzen. Den Rotwein zugießen, 10 Minuten köcheln lassen und reduzieren. Die Sauce mit 90 g Butterflocken montieren, abschmecken und sofort mit dem Lammrücken servieren.

Für das gebratene Gemüse Karotten, gelbe Rüben und Pastinaken schälen und in Würfel schneiden. Zucchini ebenfalls in Würfel schneiden und die Zwiebeln in kleine Spalten. Das Gemüse vermischen und auf ein mit Backpapier belegtes Blech legen. Mit Salz, Pfeffer, Thymianzweigen und Honig würzen und ca. 25 Minuten im Ofen mit dem Lammrücken weich braten.

Für die Trüffelerdäpfel den Backofen auf 180 °C (Umluft 160 °C) stellen. Die Erdäpfel gründlich abspülen und je nach Größe vierteln oder halbieren. Mit Olivenöl mischen und in eine ofenfeste Form oder auf ein Backblech geben. Mit etwas Meersalz bestreuen und im Backofen etwa 30–35 Minuten backen.

Weinempfehlung

Pinot Noir Göttweiger Berg

Rubinrot von mittlerer Farbtiefe mit zarter Randaufhellung, in der Nase dezente Fruchtnoten mit Zimt und einem Hauch Vanille, feines rotbeeriges Konfit, am Gaumen elegant und saftig, zarte Tannine mit guter erfrischender Länge im Abgang.

Irmgard Kirnbauer
Weingut K+K Kirnbauer

Straußenfiletsteaks in Rotwein mit pannonischem Ratatouille und Schupfnudeln

Zutaten

600 g Straußensteaks

Salz und Pfeffer

etwas Öl

etwas Rotwein zum Aufgießen

Ratatouille:

1 große Zwiebel

je 1 roter und gelber Paprika

3 Paradeiser

1/2 Dose Kukuruz

1 scharfer Pfefferoni

Schupfnudeln aus Kartoffelteig

Die Steaks beidseitig in Öl kurz anbraten, würzen, mit dem Rotwein aufgießen, kurz schmoren lassen – fertig!

Für die Ratatouille das Gemüse in nicht zu kleine Stücke schneiden. Die Zwiebel anrösten, dann Paprika, Paradeiser, Kukuruz und Pfefferoni dazugeben. Das Gemüse sollte noch knackig sein.

Mit den Schupfnudeln auf vorgewärmten Tellern anrichten und servieren.

Weinempfehlung

Mittelburgenland Goldberg Reserve DAC

Rubinrot mit feinwürziger Nase und süßer Brombeer- und Ribiselfrucht, am Gaumen angenehm mineralische Noten mit schön eingebundenen Tanninen und harmonischem Abgang. Der Blaufränkisch Goldberg wird 18 Monate im Tronçais-Barrique ausgebaut.

AUSTRIA
K+K
KIRNBAUER

Gasthaus zur Dankbarkeit
Josef Lentsch

Podersdorfer Kellerfleisch

Zutaten

1 kg Schweinsschulter
3/4 kg Zwiebeln
5 Knoblauchzehen
1/2 l Weißwein
1/4 l Wasser
Salz, Pfeffer
Majoran

Schweinsschulter in (Gulasch-)Würfel schneiden, Zwiebeln schälen und grobblättrig schneiden. Das Ganze mit den Gewürzen und dem Wein in einem Topf langsam kochen, bis das Fleisch weich ist.

Wissenswertes: Das Podersdorfer Kellerfleisch ist ein einfaches Essen, das während der Kellerarbeit (meist von den Männern selbst) zubereitet wurde. Profis verzichteten dabei auf die Zugabe von Wasser.

Weinempfehlung

Cuvée Dankbarkeit Weiss, Weingut Josef Lentsch

Der „Hauswein": helles Goldgelb, dezente Fruchtnoten, mit pikanter Säure und angenehmer Frische, cremig am Gaumen, zarte Röstaromen, ergänzt perfekt das Kellerfleisch.

Restaurant Oktogon Am Himmel
Gerhard Heilingbrunner

Kistl-Bratl

Schopfbraten und Karree, am besten vom Bioschwein. Gut Ding braucht Weile, und auch eine „Kistensau" oder ein Kistl-Bratl brauchen ihre Zeit.

Grillen können viele, aber einen Schweinsbraten zubereiten, sodass das Fleisch zart auf der Zunge zergeht, erfordert mehr. Bei der Kistensau kommt die Hitze von oben. Auf dem Deckel der Kiste wird sechs Stunden vor dem Essen mit Hartholzscheitern Feuer entzündet. Darunter liegt in einer Nirostawanne das Bratl, mariniert nach einem himmlischen Geheimrezept. Wenn der Himmelvater Zeit hat, surt er drei Tage vor dem Fest einen Bioschopfbraten ein, der Geschmack des Surbratls ist dann unbeschreiblich.

Das Schweinefleisch wird in einem Bottich mit einer abgestimmten Gewürzmischung eingerieben (Himalajasalz, Zucker, Lorbeer, Kräuter, Wacholder, Knoblauch etc.), eng nebeneinander hineingelegt und mit einem Gewicht beschwert, sodass das Fleisch sehr dicht aneinanderliegt. Nach einem Tag wird der Bottich bis zum Rand mit einer Salzwasserlösung gefüllt. Das Fleisch verbleibt im Bottich mit der Sur so bis zu 14 Tage in einem Kühlraum.

Vor dem Braten werden die Schopfbraten- bzw. Karreestücke nochmals mit Kräutern, Knoblauch, Zwiebel etc. fein abgestimmt. Zum Fleisch wird in die Nirosta-Kistl-Bratl-Pfanne noch Rindssuppe geleert und das Ganze in die im Garten stehende Kistensau, die bereits auf ca. 120 °C vorgeheizt wurde, eingeschoben.

Nach und nach werden Holzscheiter nachgelegt, sodass das Kistl-Bratl bei konstanter Niedertemperatur von ca. 120 °C weitergaren kann. Nach Bedarf die Fleischstücke umdrehen, aber sehr selten. Nach ca. 4–5 Stunden ist der Schweinsbraten in der mobilen Kistensau fertig und kann serviert werden. Zum Schluss noch mit Bier vom Fass aufgießen und bereits heiß abgebrühtes Weißkraut im Ganzen dazugeben.

Zum Kistl-Bratl werden hausgemachte Erdäpfelknödel und Krautsalat serviert.

Weinempfehlung

Wiener Gemischter Satz DAC

Leuchtendes, jugendliches Gelb mit zartem Grün, feine, verspielte Nase mit delikatem Fruchtkorb, elegant im Duft, intensive Würze mit Heublumen und Kräutern; am Gaumen cremig, weich und geschmeidig mit lebendiger Säure. Herrlicher Trinkfluss, ein typischer Wiener, wie er schöner nicht sein könnte.

www.himmel.at

Friedrich Rieder
Weingut Weinrieder

Krautfleisch mit Topfengrießknöderl

Zutaten

3 große Zwiebeln
3 Knoblauchzehen
500 g Sauerkraut, gewaschen
500 g Weißkraut, fein geschnitten
500 g Schweinsschulter, in Würfel geschnitten
2–3 EL Paprikapulver
2 EL Tomatenmark
Salz, Pfeffer, Kümmel
2–3 Lorbeerblätter
1 roher geschälter Erdapfel
0,3 l Grüner Veltliner
ca. 1 l Wasser oder Suppe

Topfengrießknöderl:

250 g Topfen
90 g griffiges Mehl
50 g Grieß
50 g weiche Butter
2 Dotter, Salz

Löffel Sauerrahm

Zwiebeln grob schneiden, in Öl bei mittlerer Hitze glasig dünsten, Tomatenmark einrühren, Paprikapulver zugeben, gut durchrühren, Fleischstücke kurz mitrösten, salzen, pfeffern und mit Wasser und Wein ablöschen.

Für 20–30 Minuten dünsten, dann Sauerkraut, Weißkraut, Lorbeerblätter, Kümmel und den fein geschnittenen oder durch die Presse gedrückten Knoblauch zugeben und das Ganze für weitere 20 Minuten dünsten.

Wenn das Fleisch weich ist, mit 1 rohen Erdapfel binden (mit einem Krenreißer hineinreiben).

Für die Topfengrießknöderl Butter, Topfen, Dotter und Salz verrühren, zuletzt Grieß und Mehl unterheben und zugedeckt ca. 1 Stunde im Kühlschrank rasten lassen. Knöderl formen und in kochendem Salzwasser für ca. 15 Minuten kochen. (Man kann diese Knöderl auch pikant oder süß füllen und in Butterbröseln wälzen.)

Mit einem Löffel Sauerrahm servieren.

Weinempfehlung

Grüner Veltliner Alte Reben

Wein aus 50-jährigen Rebstöcken, enorme Extraktsüße, viel Schmelz, opulent am Gaumen, vielschichtiger Duft, nach gelben Früchten, zarte Tabaknoten. Zu servieren im großen Glas, hervorragender Speisenbegleiter zu kräftigen Speisen.

WEINRIEDER
Grüner Veltliner
Alte Reben

Thomas Furgassl-Huber
Weingut Fuhrgassl-Huber

Majoranfleisch mit Erdäpfelschmarren

Zutaten

500 g Schweinefleisch (Schopf)

1 große Zwiebel, fein gehackt

30 g Öl

Schuss Essig

Schuss Neuburger

Salz, Pfeffer

1 EL Majoran

1 KL Mehl

1/8 l Sauerrahm

Erdäpfelschmarren:

400 g gekochte Erdäpfel

1 kleine Zwiebel, fein gehackt

Öl

Salz, Pfeffer

Die fein gehackte Zwiebel leicht im Fett anrösten und das würfelig oder blättrig geschnittene Fleisch dazugeben. So lange rösten, bis das Fleisch allseits Farbe angenommen hat, danach mit verdünntem Essig und einem Schuss Neuburger ablöschen.

Die Gewürze beigeben, zudecken und 1–2 Stunden langsam dünsten (hängt von der Art des Fleisches ab).

Wenn das Fleisch gar ist, mit Mehl stauben, mit etwas Wasser aufgießen, den Rahm einrühren und 5 Minuten kochen.

Für den Erdäpfelschmarren die gekochten Erdäpfel reißen. Fein gehackte Zwiebel anbraten. Erdäpfel zur Zwiebel geben, gemeinsam anrösten. Mit Salz und Pfeffer würzen.

Den Erdäpfelschmarren mit dem Majoranfleisch auf vorgewärmten Tellern anrichten.

Weinempfehlung

Neuburger Neustift

Die Ursorte des Wiener Weines, Ried Neuberg. Helles Gelb, weiße Apfelfrucht, ein Hauch von Gewürzen, zart nach Orangenzesten. Saftig, gute Komplexität, elegante Textur, feiner Säurebogen, ein frischer Speisenbegleiter, vielseitig einsetzbar.

www.fuhrgassl-huber.at

Lukas Markowitsch
Weingut Lukas Markowitsch

O'brasselte Fledermaus mit Zweigeltschalotten

Zutaten

1 kg Schweinsfledermäuse (Schweinefleisch vom Fledermausmuskel)

200 ml kräftiger Fond

2–3 zerdrückte Knoblauchzehen nach Belieben

Zitronenpfeffer, frischer Thymian

Salz

Mehl zum Wenden

Öl

Butterflocken

Zweigeltschalotten:

500 g gehackte Schalotten

100 g Zucker

2 EL Preiselbeeren

1 l Zweigelt

Das Fleisch gut zuputzen und dabei Fett sowie Sehnen sorgfältig entfernen. Fleisch leicht klopfen und mit Zitronenpfeffer, frischem Thymian sowie Salz würzen. Etwa 10 Minuten ziehen lassen. Dann in Mehl wenden und in heißem Öl rasch auf beiden Seiten anbraten. Wieder herausnehmen, Fett abgießen, mit brauner Grundsauce aufgießen und aufkochen lassen. Nun die Flüssigkeit in einen Topf seihen und die Fledermäuse einlegen. Mit einigen Butterflocken abdecken, Knoblauch darüber verteilen und bei kleiner Hitze zugedeckt etwa 6–8 Minuten ziehen lassen.

Für die Zweigeltschalotten den Zucker karamellisieren, die Schalotten darin anschwitzen, Preiselbeeren dazugeben und mit Zweigelt ablöschen. Alles auf eine Marmelade einreduzieren.

Weinempfehlung

Cuvée Lukas

Cuvée aus Zweigelt, Merlot; tiefdunkles Rubingranat, violette Reflexe. Mit feinen ätherischen Nuancen unterlegte dunkle Beerenfrucht, zart nach Edelholz, Orangen. Saftig, elegant und extraktsüß, feine Tannine, kraftvoller Nachhall, verfügt über Reifepotenzial.

Franz-Michael Mayer
Weingut FM Mayer. Vitikultur

Traubenmost-Braten mit Traubenmost-Knödel

Zutaten

1 kg Rindsbraten
50 g Speck
1 großer Bund Wurzelwerk
1 Zwiebel
Öl
etwas Senf
1 Lorbeerblatt
einige Pfefferkörner und Wacholderbeeren
1/4 l Wasser
1/2 l Traubenmost
1/8 l Rahm
etwas Mehl
Salz, Pfeffer

Mostknödel:

1/2 kg mehlige Erdäpfel
200 g Weizenmehl griffig
50 g Weizengrieß
2 Eier
Salz
Schuss Traubenmost

Fleisch mit Salz und Pfeffer würzen und mit Senf bestreichen. Öl und Speck erhitzen und das Fleisch darin scharf anbraten.

Wurzelwerk und Zwiebel klein schneiden, kurz mitrösten, dann mit Mehl stauben und mit Wasser und Traubenmost aufgießen. Die restlichen Gewürze dazugeben und weich dünsten.

Die fertige Sauce passieren, Mehl mit Rahm verrühren und in die Sauce geben, danach abschmecken.

Für die Mostknödel Erdäpfel faschieren, passieren und mit den restlichen Zutaten vermengen. 30 Minuten rasten lassen, danach Knödel formen und in Salzwasser ca. 10 Minuten kochen. Danach 5 Minuten ziehen lassen.

Weinempfehlung

Wiener Gemischter Satz

Eine Rebsorte gleicht einer Violine, ein Gemischter Satz aber einem ganzen Orchester! Weißburgunder, Neuburger, Grüner Veltliner, Rotgipfler, Riesling und Gelber Muskateller – eleganter, intensiver Fruchtkorb von Apfel, Pfirsich und Ananas. Im Abgang balanciertes Spiel von konzentrierten Früchten mit animierender Säure.

Fritz Wieninger
Weingut Wieninger

Gebackenes Kalbsbries
mit Erdäpfel-Mayonnaise-Salat und Chardonnay-Essig

Zutaten

1/2 kg Kalbsbries (Einkauf von frischem Kalbsbries beim Fleischhauer des Vertrauens)

80 g Butter

1 Ei

Prise Salz

Mehl und Brösel

4 Becher Wasser

Erdäpfelsalat:

1 kg festkochende Erdäpfel

2 kl. rote Zwiebeln

1 TL „Wieninger Chardonnay 1997"-Essig von Gegenbauer

1 TL Rindssuppe

6 TL Sonnenblumenöl

Salz, Zucker

schwarzer Pfeffer

Im rohen Zustand die feine dünne Haut des Kalbsbrieses mit einem Messer entfernen. Kalbsbries 2–3 Stunden in kaltes Wasser legen, herausnehmen und 20–25 Minuten in Salzwasser vorkochen.

Das so vorbereitete Bries in Scheiben schneiden, mit Mehl, Ei und Bröseln panieren und in frischer Butter goldbraun backen.

Die ungeschälten Kartoffeln in kochendem Salzwasser ca. 15–20 Minuten kochen (je nach Größe der Erdäpfel). Abkühlen lassen.

Zwiebeln schälen und klein schneiden. Marinade aus Wieninger-Essig, Salz, Zucker, schwarzem Pfeffer, Rindssuppe und Sonnenblumenöl mit geschnittenen Erdäpfeln und Zwiebeln vermengen.

Je nach Geschmack mit Vogerlsalatblättern garnieren oder mit 3 EL frisch zubereiteter Mayonnaise verrühren.

Weinempfehlung

Wiener Gemischter Satz DAC Rosengartl

Die Diva von besonders alten Reben. In der Nase mit feiner Kräuterwürze unterlegte Honignote, ein Hauch von Lindenblüten, Orangenkonzentrat. Am Gaumen elegant, saftig, sehr komplex, feine Würze, gut integrierte Säure, rassig, feiner Zitrustouch, bleibt sehr gut haften, vielseitiger Speisenbegleiter.

WIENER ESSIG
BRAUEREI
WEINESSIG
CHARDONNAY
Jahrgang 1997
WIENINGER
BRAUEREI

Brigitta Steininger
Weingut Steininger

Kalbsnierenbraten in Grüner Veltliner-Sauce

Zutaten

ca. 1,8 kg Kalbsnierenbraten vom Fleischer des Vertrauens, gerollt und gebunden

ca. 400 g gehackte Kalbsknochen und Abschnitte

je 200 g Karotten, Sellerie und Lauch, würfelig geschnitten

2 große Zwiebeln, würfelig geschnitten

etwa 100 g Speck, in Würfel geschnitten

Salz, Pfeffer

1 EL Tomatenmark

Pflanzenöl

Veltliner-Balsamessig

1/4 l Grüner Veltliner Sekt

1 Thymianzweig

etwas Stärkemehl

Das Fleisch in einer großen Pfanne rundum in Pflanzenöl scharf anbraten, aus der Pfanne heben, klein gehackte Knochen und Fleischabschnitte dazugeben und gut rösten. Farbe nehmen lassen, das Gemüse und die Zwiebeln beigeben, wieder gut rösten und den Speck und das Tomatenmark dazugeben. Sobald das braun geröstet ist, mit dem Sekt ablöschen, einreduzieren lassen, bis der Sekt verdampft ist, dann mit Wasser aufgießen und ein wenig Veltliner-Balsamessig dazugeben. Thymianzweig einlegen, etwas salzen und pfeffern, eine halbe Stunde kochen lassen und dann alles in einen Bräter gießen.

Das Fleisch obenauf legen und im vorgeheizten Backrohr bei etwa 160 °C etwa 2 1/2 Stunden braten. Dabei immer wieder mit dem Bratensaft übergießen. Vor dem Aufschneiden mindestens 15 Minuten rasten lassen. Währenddessen die Sauce abseihen und mit etwas Stärkemehl und Wasser binden.

Dazu passen Reis und natürlich auch Knödel oder Erdäpfel – in jedem Fall aber ein Grüner Veltliner Sekt!

Variante für Mutige, Gelassene oder Faule!
Nachdem das Fleisch in die Sauce gelegt wurde, den Bräter mit einem Deckel oder Alufolie abdecken und dann für mindestens 8 Stunden bei 80 °C ins Backrohr geben, auch über Nacht; dabei keine Umluft verwenden. So wird das Fleisch besonders saftig. Ganz zum Schluss kann man diesen Braten noch kurz unter den Grill geben, damit er mehr Farbe bekommt, das ist aber nicht zwingend notwendig.

Weinempfehlung

Grüner Veltliner Ried Steinhaus Sekt

Den Namen Steinhaus trägt diese Lage aus gutem Grund. Verwitterter, harter Granit mit einer leichten Humusauflage, ein Boden, der mineralische Weine hervorbringt. Ausgebaut im großen Akazienholzfass und lange auf der Hefe, hat dieser Sekt eine dezente Cremigkeit und ein elegantes, feines Mousseux. Ein Sekt, der Sorte, Lage, Boden und Wein perfekt vereint.

Bitzingers Augustinerkeller
Familie Bitzinger

Riesling-Kalbsbeuschel mit Brezenknödel

Zutaten

950 g Kalbslunge

1 Kalbsherz

170 g Wurzelwerk (Karotten, gelbe Rüben, Sellerie, Lauch)

1 Zwiebel

2 Lorbeerblätter

10 Pfefferkörner

1 Thymianzweig

Salz

2 l Wasser

Sauce:

5 EL Öl

60 g Mehl

45 g Zwiebel, fein gehackt

65 g Essiggurken, fein gehackt

20 g Kapern, fein gehackt

1/4 l Riesling

15 g Sardellenpaste

Salz, Pfeffer, Majoran

Brezenknödel:

250 g Laugenbrezen

1/8 l Milch

2 Eidotter

2 Eiklar

100 g Mehl

Salz, Muskat

Petersilie

Lunge und Herz gut in kaltem Wasser wässern. Die Lunge mehrmals mit dem Messer anstechen. Lunge und Herz mit Zwiebel, Wurzelgemüse und Gewürzen in frischem Wasser zustellen.

Langsam kochen lassen, bis alles weich ist. Lunge und Herz aus dem Sud nehmen und in kaltes Wasser geben. Gut durchkühlen lassen und den Beuschelsud abseihen. Gut gekühlte Lunge und Herz in feine Streifen schneiden.

Für die Sauce Öl erhitzen, Mehl darin dunkelbraun rösten. Das Feingehackte beigeben und etwas mitrösten, mit Riesling ablöschen und mit Beuschelsud aufgießen. Mit Schneebesen glatt rühren und 10 Minuten durchköcheln lassen. Beuschelstreifen beigeben und mit restlichen Gewürzen abschmecken.

Für die Brezenknödel die Laugenbrezen in kleine Würfel schneiden, mit Milch übergießen und 10 Minuten stehen lassen, dann Eidotter, Mehl und Gewürze unterheben.

Eiklar zu Schnee schlagen und vorsichtig unter die Masse heben, 1/2 Stunde rasten lassen, aus der Masse Knödel formen und in Salzwasser leicht wallend 10 Minuten kochen.

Tipp vom Profi

Wenn die Masse zu weich wird, etwas Mehl beigeben!

Bitzinger
WEIN
e Américain

Nora Trierenberg
Weingut Georgiberg

Burgunderbraten mit Kräuternockerln

Zutaten

2 1/2 kg Rinderbraten
1 l Rindssuppe
1/2 l Rotwein (Pinot Noir)
2 Zwiebeln
4 EL Öl
2 EL Tomatenmark
1 Tasse Wurzelgemüse
Wacholderbeeren
4 EL Butter, 4 EL Mehl
Rosmarin, Salz, Pfeffer
Lorbeerblätter

Kräuternockerl:

300 g griffiges Mehl
3 ganze Eier
30 g frisch gehackte Petersilie
etwas lauwarmes Wasser
Salz, Muskatnuss

Geeistes Weinchaudeau:

1/4 l Pinot Gris
110 g Kristallzucker
5 Eigelb, 1 Ei
geriebene Schale von 1 Zitrone

Das Fleisch mit Rotwein, Wacholderbeeren, Lorbeerblättern und Rosmarin über Nacht einlegen. Am nächsten Tag das Fleisch herausnehmen, abtropfen lassen und in einem Topf mit etwas Öl auf allen Seiten hellbraun anbraten, dann herausnehmen. In demselben Topf die Zwiebeln und das klein geschnittene Wurzelgemüse rösten und tomatisieren, anschließend mit dem Rotwein (Pinot Noir) ablöschen, mit den Gewürzen etwas einkochen lassen, danach mit der Rindssuppe aufgießen und einmal aufkochen. Das angebratene Fleisch in die Sauce geben und ca. 1 1/2 Stunden bei gleich bleibender Temperatur ziehen lassen. Zum Binden der Sauce die zimmerwarme Butter mit dem Mehl verkneten und in die kochende Sauce einrühren.

Für die Kräuternockerln alle Zutaten gut verkneten, sodass es keine Klumpen mehr gibt und man eine klebrige dicke Masse erhält. Anschließend mit einem in Wasser getauchten Kaffeelöffel kleine Nockerln ausstechen oder die Masse durch ein Spätzlesieb durchstreichen und in Salzwasser ca. 3 Minuten kochen lassen. Danach die Nockerln abseihen und mit etwas Butter leicht goldgelb anbraten.

Für das geeiste Weinchaudeau den Zucker mit dem Weißwein und der Zitronenschale über einem Wasserbad warm schlagen. Anschließend die Eigelbe mit dem ganzen Ei verquirlen, in den Weißweinsud einrühren und mit einem Schneebesen oder Mixer das Ganze über dem Wasserbad aufschlagen, sodass es um das Dreifache aufgeht, zu einer cremigen Masse wird und eine Temperatur von ca. 72 °C erreicht. Danach die Creme ins Eisfach stellen und jede halbe Stunde umrühren, sodass keine Eisklumpen entstehen.

Weinempfehlung

Pinot Noir, Weingut Georgiberg

Feine Nase mit nussigen und rotbeerigen Aromen. Weich am Gaumen, fein strukturierte Frucht, eingebundenes, weiches Tannin, langer Abgang. Der perfekte Speisenbegleiter zu Burgunderbraten.

Bitzingers Augustinerkeller
Familie Bitzinger

Geschmorte Rinderbackerl mit knusprigen Polentaröllchen

Zutaten

950 g Rinderbackerl
2 Zwiebeln
3 EL Öl
190 g Wurzelwerk (Karotten, gelbe Rüben, Sellerie, Lauch)
2 EL Tomatenmark
15 schwarze Pfefferkörner
3 Lorbeerblätter
1/2 l Wiener Pinot Noir
1 l Rindssuppe
1 EL Dijonsenf
Salz, Pfeffer

Knusprige Polentaröllchen:

250 g Polenta
250 ml Schlagobers
500 ml Milch
50 g Butter
50 g geriebener Parmesan
2 Eidotter
Salz, Muskat
Öl zum Ausbacken
Frühlingsrollenblätter (im Fachhandel erhältlich)
evtl. etwas Maizena

Rinderbackerl mit Salz und Pfeffer würzen, in einer Pfanne in Öl anbraten, herausnehmen und beiseitestellen; geschnittene Zwiebeln, Wurzelwerk, Tomatenmark und Gewürze ebenfalls kurz mitrösten. Mit Wiener Pinot Noir ablöschen und das Ganze auf 1/4 l reduzieren lassen.

Mit Rindssuppe aufgießen, Fleisch und Sauce in Bräter geben und zugedeckt bei ca. 180 °C im Backofen weich schmoren (ca. 1 1/2 – 2 Stunden).

Schmorbackerl aus dem Saft nehmen und warm stellen, Sauce durch Sieb passieren, mit Salz und Pfeffer abschmecken und eventuell mit etwas Stärke (Maizena) binden.

Für die knusprigen Polentaröllchen Milch, Schlagobers, Butter, Salz und Muskat aufkochen, Polenta einrühren, so lange köcheln, bis sich die Masse vom Topf löst. Kurz auskühlen lassen, Eidotter und Parmesan in die Masse einrühren, Frühlingsrollenblätter auflegen, Polentamasse auftragen, Teig seitlich einschlagen und zu Röllchen formen.

In heißem Öl knusprig herausbacken, herausheben und auf Küchenkrepp gut abtropfen lassen.

Tipp vom Profi

Da der Pinot Noir weniger Tannine hat als andere Rotweine, harmoniert er besonders gut mit dem intensiven Fleisch der Rinderbackerln.

Josef Bitzinger

Maximilian Hardegg

Schlossweingut Graf Hardegg

Pochierter Rindslungenbraten mit Grüner Veltliner-Rahmsauce

Zutaten

600 g Rindslungenbraten im Ganzen

Senf

Salz, Pfeffer

Öl

Rahmsauce:

100 g Zwiebeln

250 g Sauerrahm

250 ml Rindssuppe

frischer Thymian

Lorbeerblatt

Pfefferkörner

1 EL Mehl

Schweineschmalz

1 Schuss Grüner Veltliner

Den Rindslungenbraten zuputzen, salzen, pfeffern und mit Senf einreiben. In einer Pfanne in etwas heißem Öl rundum kurz anbraten. Wieder herausheben und gut, am besten zweimal, in Frischhaltefolie einhüllen. In einem breiten Topf Wasser auf 56–60 °C erhitzen, das Fleisch einlegen und ca. 40 Minuten pochieren.

Für die Rahmsauce Zwiebeln fein schneiden und in heißem Schmalz anschwitzen. Thymian, Lorbeerblatt sowie Pfefferkörner zugeben und mit Mehl leicht stauben. Mit Suppe und Wein aufgießen und den Rahm einrühren.

Bei mittlerer Hitze langsam etwa 20 Minuten einkochen. Dann abseihen und abschmecken. Bei Bedarf noch sämig einkochen.

Weinempfehlung

Grüner Veltliner Steinbügel

Der Spitzenveltliner stammt aus der Riede Steinbügel. Dies ergibt einen spannungsreichen und mineralischen Wein, der in großen Holzfässern mit langem Hefekontakt gelagert wurde. Ein strukturierter und eigenständiger Repräsentant der „Cool climate"-Stilistik.

Gasthaus zur Dankbarkeit
Josef Lentsch

Geschmortes graues Steppenrind mit Kürbisgemüse

Zutaten

1 kg Schulter vom grauen Steppenrind

ca. 150 g Wurzelwerk (Karotten, Sellerie)

1 Zwiebel (ca. 80 g)

1 EL Tomatenmark

1/8 l Rotwein (Pinot Noir)

1 l Suppe oder Wasser

Salz, Pfeffer

Lorbeerblätter

Pfefferkörner

Thymian

Öl zum Anbraten

Stärkemehl zum Binden der Sauce

Kürbisgemüse:

500 g Kürbis

125 g Sauerrahm

1 EL Mehl

1/2 mittelgroße Zwiebel

50 g Butter

1/8 l Weißwein

1/4 l Gemüsefond

Salz, Pfeffer

1 TL edelsüßes Paprikapulver

1 TL fein gehackte Dille

Öl in einem passenden Topf erhitzen, Fleisch salzen, pfeffern und auf allen Seiten rasch braun anbraten. Aus dem Topf heben. Würfelig geschnittenes Wurzelwerk und Zwiebel in den Topf geben und im verbliebenen Öl braun rösten. Tomatenmark dazugeben und mitrösten, mit Rotwein ablöschen und stark reduzieren lassen. Mit Suppe oder Wasser aufgießen und Fleisch und restliche Gewürze dazugeben. Zugedeckt bei kleiner Flamme auf dem Herd oder im Backrohr dünsten lassen (Backrohr auf 120 °C vorheizen).

Wenn das Fleisch weich ist, aus der Sauce heben. Sauce durch ein feines Sieb passieren, abschmecken und mit Stärkemehl eventuell noch etwas binden. Fleisch in gefällige Scheiben schneiden und mit der Sauce anrichten.

Für das Kürbisgemüse Kürbis schälen, entkernen und mit Röstireißer raspeln. Mit etwas Salz würzen und eine Stunde ziehen lassen. Zwiebel fein schneiden und in Butter anschwitzen. Kürbis ausdrücken und zur Zwiebel geben. Durchschwenken, mit Paprikapulver verrühren und mit Weißwein und Gemüsefond aufgießen.

Mehl mit Sauerrahm verrühren, eventuell ein bisschen Wasser dazugeben. Kürbis aufkochen und mit Salz und Pfeffer würzen. Mit der Sauerrahm-Mehl-Mischung binden. Zum Schluss mit der gehackten Dille vollenden.

Als Beilage: Erdäpfel oder Knödel

Tipp vom Profi

Das Fleisch ist nicht so marmoriert, aber die Schulterstücke eignen sich perfekt für unsere Schmorgerichte. Dazu empfehlen wir unseren Pinot Noir!

Bitzingers Augustinerkeller
Familie Bitzinger

Gebackene Apfelknödel mit Zimtschaum

Zutaten

500 g geschälte, entkernte, würfelig geschnittene Äpfel

1/8 l Wiener Gemischter Satz

80 g Kristallzucker

2 Eier

1 KL Salz

100 g Weizenmehl glatt

100 g Biskuitbrösel (ersatzweise Semmelbrösel)

Öl zum Ausbacken

Panade:

Mehl, Ei, Brösel

Zimtschaum:

Wein-Sud von den marinierten Äpfeln

2 Eidotter

20 g Zimt

Apfelwürfel in Wiener Gemischtem Satz mit Zucker und Salz 10 Minuten marinieren, abseihen und den Weißwein-Sud beiseitestellen. Die Äpfel mit Eiern, Mehl und Biskuitbröseln zu einem Teig verarbeiten und 1/2 Stunde rasten lassen.

Aus der Teigmasse Knödel formen und in Mehl, Ei und Bröseln panieren. Die Knödel in heißem Öl ausbacken, herausheben und auf Küchenkrepp abtropfen lassen.

Für den Zimtschaum alle Zutaten über Dampf so lange schlagen, bis die Masse schön schaumig wird.

Tipp vom Profi

Die Äpfel werden im Wiener Gemischten Satz mariniert, weil das die perfekte Harmonie ergibt. Dazu servieren wir eine Wiener Riesling Beerenauslese.

Josef Bitzinger

Retter Seminar · Hotel · Restaurant
Jürgen Archam

Dinkel-Apfelschlangl

Zutaten

150 g Dinkelmehl

150 g glattes Weizenmehl (oder auch Dinkelmehl)

200 g Butter

100 g Zucker

1 Ei

Salz

Fülle:

1 kg Äpfel

Vanillezucker nach Belieben

Zucker nach Belieben

Zitronensaft

2 cl Rum

1/16 l Traminer

Ei zum Bestreichen

Die Äpfel schälen und raspeln, mit Zucker, Vanillezucker, Zitronensaft, Traminer und Rum marinieren.

Dann den Mürbteig zubereiten: Mehl mit Butter verbröseln, Zucker, Salz und Ei hinzufügen und zu einem glatten Teig vermengen. Den Teig ca. 1/2 Stunde gekühlt rasten lassen.

Drei Viertel des Teiges auf einem Backblech ausrollen und die marinierten Äpfel darauf verteilen. Den restlichen Teig in Streifen schneiden und gitterförmig über die Äpfel legen. Mit Ei bestreichen und bei 200 °C ca. 1/2–3/4 Stunde backen.

Weinempfehlung

Traminer Karl Breitenberger / Urbanus-Winzer

Gewürztraminer, schönste Fülle vom Kaibingsberg, herrliche Nase und komplex, fülliger Abgang, ergänzt perfekt die Süßspeise.

Stift Göttweig
Stiftsrestaurant

Göttweiger Brezenschmarren

Zutaten

200 g altbackene Göttweiger Marillenbrezen

60 ml Schlagobers

200 ml Milch

100 ml Riesling Silberbichl

2 Eier

2 Dotter

1 EL Staubzucker

1 KL Vanillezucker

abgeriebene Schale von einer Zitrone

Prise Salz

Butter für die Form

2 EL flüssige Butter zum Beträufeln

Schaummasse:

3 Eiklar

120 g Kristallzucker

Brezen blättrig schneiden und in eine Schüssel geben. Schlagobers mit Milch, Riesling Silberbichl, Eiern, Eidottern, Staub- sowie Vanillezucker, Zitronenschale und einer Prise Salz verrühren und über die Brezen gießen. Locker vermischen und die Masse gut durchziehen lassen.

Die Brezenmasse locker in die mit Butter ausgestrichene Form füllen, aber nicht hineinpressen. Mit Backpapier oder Alufolie abdecken und in vorgeheiztem Backrohr bei 180 °C 25–30 Minuten backen. 15 Minuten vor dem Ende der Backzeit die Folie entfernen, mit flüssiger Butter beträufeln und fertig backen.

Währenddessen für die Schaummasse Eiklar mit Kristallzucker zu Schnee schlagen. In einen Dressiersack füllen und auf den Brezenschmarren in beliebiger Form, etwa als Tropfen, auftragen. Bei größter Oberhitze (250 °C) im Backrohr kurz überbacken. Vor dem Servieren etwas überkühlen lassen.

Den Brezenschmarren mit Wachauer Marillen servieren.

Tipp: Statt der Göttweiger Marillenbrezen können auch Briochegebäck oder Wachauer Laberl verwendet werden.

Weinempfehlung

Riesling Silberbichl 1. Lage Kremstal DAC Reserve

Charmanter Riesling mit Aromen nach Birne, Pfirsich und Marzipan; angenehm fruchtig-frisch mit einem dezenten Säurespiel; mineralischer Riesling mit langem Abgang. Ergänzt perfekt den Göttweiger Brezenschmarren.

Elisabeth Lagler
Weingut und Hotel Lagler

Marillenknödel mit Weinschaum auf in Riesling marinierten Marillen

Zutaten

10–15 Marillen (je nach Größe)

Würfelzucker

Brösel, Butter

Zucker zum Bestreuen

Topfenteig:

250 g Topfen

200 g griffiges Mehl

1 Ei

70 g Butter

Salz

Weinschaum:

2 Dotter

2 ganze Eier

100 g Kristallzucker

Vanille, Zitrone

1/8 l Riesling Smaragd vom Tausendeimerberg

Marinierte Marillen:

1 kg sehr reife Marillen

300 g Zucker

Schuss Riesling

Für den Topfenteig sämtliche Zutaten zu einem Teig verarbeiten, zugedeckt mindestens eine halbe Stunde kühl rasten lassen und zu Fruchtknödeln weiterverarbeiten.

Dafür die Marillen entkernen, mit Würfelzucker füllen, mit Teig umhüllen, in kochendes Wasser einlegen und leicht köcheln lassen, bis sie schwimmen, dann herausnehmen.

Brösel in Butter braun rösten, die Knödel darin wälzen, mit Zucker bestreuen und mit Weinschaum und marinierten Marillen anrichten.

Für den Weinschaum sämtliche Zutaten im Schneekessel über Dampf schaumig schlagen. Mit einem Löffel kurz vor dem Servieren Schaum zu den Marillenknödeln geben.

Die sehr reifen Marillen entkernen und vierteln. In einem Topf die Marillen mit dem Zucker erwärmen, etwas Riesling dazugeben und weich dünsten (Festigkeit nach Geschmack).

Warm in sterile Gläser füllen. Kalt oder warm zu den Marillenknödeln servieren. Kann auch wie Marillenmarmelade auf Vorrat zubereitet werden.

Tipp: Auch Topfenknödel passen wunderbar zum Weinschaum auf in Riesling marinierten Marillen.

Weinempfehlung

Riesling Smaragd Tausendeimerberg

Sehr aromatische Duftfülle, kandierte, exotische Früchte; Riesling mit Kraft und sehr mineralischer Struktur, fein ziseliertes Säurespiel, mit Biss und opulentem Hintergrund, lang anhaltender Abgang, große Zukunft.

Gutshofrestaurant Prandtauerhof
Familie Holzapfel

Mohntorte
mit Marillenröster

Zutaten

8 Eier
210 g Butter
270 g gemahlener Mohn
270 g Zucker
110 g geriebene Haselnüsse
Vanillezucker
Zimt
Rum

Marillenröster:

500 g Marillen
100 g Zucker
1 Schuss Weißburgunder

In einer Schüssel die Butter mit Zucker, Vanillezucker, Zimt und Rum schaumig rühren. Die Eier trennen und nach und nach die Eidotter langsam dazugeben. Eiklar zu Schnee schlagen und abwechselnd mit Mohn und Nüssen unterheben. Im Rohr bei 150 °C ca. 50 Minuten backen.

Für den Marillenröster die Marillen in Spalten schneiden und mit dem Zucker in einer Kasserolle erhitzen. 5 Minuten köcheln lassen, mit Weißburgunder abschmecken und anschließend vom Feuer nehmen und auskühlen lassen.

Weinempfehlung

the sweetie returns ...

Weißburgunder, angenehme Fruchtsüße im Abgang, feine Röstaromatik, dicht cremig, sehr lange im Abgang, ein Wein mit langem Reifepotenzial, aromatischer Nachgeschmack.

Maria Stadler
Weingut Stadler Falkenstein

Rotweingugelhupf

Zutaten

150 g Butter
300 g Staubzucker
1 Pkg. Vanille
5 Dotter
1/4 l Rotwein (Pinot Noir)
150 g Nüsse
150 g Schokolade
1 TL Zimt
1 Pkg. Backpulver
380 g Mehl
Schnee von 5 Eiklar

Butter, Zucker, Vanille und Dotter schaumig rühren, Schokolade (gerieben oder flüssig), Nüsse, Wein und Zimt beimengen.

Zuletzt abwechselnd Mehl mit Backpulver und Schnee unterheben.

Gugelhupfform mit Butter ausstreichen und mit Mehl ausstreuen. Die Masse einfüllen und im vorgeheizten Backrohr bei 180 °C etwa 1 Stunde backen.

Weinempfehlung

Grüner Veltliner Alte Reben „Falkensteiner Berggericht“

Gebietstypisches Geschmacksprofil eines pfeffrigen Grünen Veltliners aus dem Weinviertel, zusätzlich mit den Charakteristiken trocken, dichte Struktur und langer Abgang, kräftige Stilistik. Der Kuchen harmoniert auch vorzüglich mit Pinot Noir.

Waltraud Jöbstl
Brennerei Jöbstl

Schnitterkrapfen mit Schilcher-Weinbrand

Zutaten

1/2 kg griffiges Mehl
1/2 Würfel Germ
100 g Butter
3 Eidotter
1 EL Zucker
2 EL Schilcher-Weinbrand
1 TL Salz
1/8 l Milch

Schilcherbrand-Mischung:

1/8 l Weinbrand vom Schilcher
1/8 l Wasser
4 EL Honig

Aus Germ und etwas griffigem Mehl sowie Zucker und lauwarmer Milch ein Dampfl zubereiten, dann griffiges Mehl, Butter, Zucker, Eier, Dotter, Schilcher-Weinbrand, Salz und restliche Milch dazugeben und gut abschlagen, bis sich der Teig von der Schüssel löst.

An einem warmen Ort gehen lassen, dann fingerdick auswalken, kleine Vierecke ausradeln und in diese Quadrate hineinradeln, sodass die Flecken oben und unten noch zusammenhalten. In heißem Fett ausbacken und in eine Schüssel geben.

Den Weinbrand mit dem Wasser und dem Honig vermischen, über die noch heißen Krapfen gießen und servieren.

Weinempfehlung

Schilcherweinbrand

Weinbrand aus der blauen Wildbacher Traube, fassgelagert. Kräftige Röstnoten mit ausdrucksstarkem Fruchthintergrund; milde, fruchtige Süße am Gaumen, reif und warm, gut strukturiert, dicht und lang.

Marie Liechtenstein
Stiftung Fürst Liechtenstein Hofkellerei

Schokoladensoufflé

Zutaten

4 Eidotter
4 Eiweiß
70 g Butter
70 g Staubzucker
70 g Schokolade
1/8 l Schlagrahm

Butter und Staubzucker für die Form

Butter und Staubzucker gut schaumig rühren. Nach und nach unter ständigem Rühren die Eidotter zugeben. Nun die erweichte, überkühlte Schokolade zugeben. Alles zusammen nochmals gut durchrühren.

Die Eiweiße zu festem Schnee schlagen. Unter die Schokoladenmasse mischen. Diese Masse in eine mit Butter ausgestrichene und mit Staubzucker ausgestreute Souffléform füllen. Bei 180 °C ca. 20 Minuten backen.

Dazu serviert man separat Schlagobers.

Für Soufflés sollten alle Zutaten immer Zimmertemperatur haben. Das Backrohr sollte vorgeheizt sein.

Weinempfehlung

Liesecco

Ein dezenter Duft nach Zitrusfrüchten und Minze prägt diesen Perlwein ebenso wie seine erfrischende Säure und sein niedriger Alkoholgehalt. Er eignet sich als Aperitif, aber auch als erfrischender Speisenbegleiter zum Schokoladensoufflé.

www.hofkellerei.at

Schloss Gamlitz
Jolanda Melcher

Steirisches Tiramisu

Zutaten

1 Becher Schlagobers

1 Pkg. Sahnesteif

1 Glas (500 ml) Apfelmus, selbst gemachtes Apfelmus schmeckt besser

1 Pkg. Eierbiskotten

etwas Zimt und TBA Sauvignon Blanc

Garnitur:

Spritzer Obers

gehackte Pistazien oder Walnüsse

Zitronenmelisse

Schlagobers mit Sahnesteif sehr fest aufschlagen. Apfelmus und etwas Zimt untermengen.

Biskotten mit einer Seite in TBA Sauvignon Blanc tunken und abwechselnd mit Apfelmusmasse in eine Schüssel schichten (oder portionsweise in Glas oder Schüsserl).

3–5 Stunden im Kühlschrank ziehen lassen.

Vor dem Servieren mit einem Spritzer Obers garnieren und mit gehackten Pistazien oder Walnüssen bestreuen. Mit einem Blatt Zitronenmelisse verschönern.

Weinempfehlung

TBA Sauvignon Blanc

Mittleres Gold, zarte Grünreflexe. Intensive Tropenfrucht, Anklänge von Litschi, Maracuja und weißem Pfirsich. Süß, feiner Honig, cremig am Gaumen, bleibt sehr lange haften, enormes Entwicklungspotenzial.

Angela Ashworth-Opitz

Weingut Willi Opitz – C.I.A. Catering

Sticky Toffee Pudding mit Meersalz-Karamell-Sauce

Zutaten

50 g Butter

175 g entkernte Datteln

200 ml Wasser

1 1/2 TL Speisesoda

2 verquirlte Eier

100 g Mehl

100 g brauner Zucker

Meersalz-Karamell-Sauce:

200 g Butter

400 g brauner Zucker

1 Vanilleschote, der Länge nach aufgeschnitten

250 ml Schlagobers

etwas Meersalz

Butter und Zucker zusammen verschlagen und die auf Zimmertemperatur gebrachten Eier langsam einrühren. Dann die Datteln mit dem Wasser zum Kochen bringen, für 3 Minuten köcheln lassen, das Speisesoda dazumischen und anschließend mit einem Pürierstab fein pürieren.

Danach die Masse zur Buttermasse in eine Rührschüssel geben und das Mehl langsam einrühren. Das kann per Hand oder auch in einer Küchenmaschine passieren.

Den Sticky-Toffee-Pudding-Mix in Förmchen füllen und ca. 35 Minuten im Dampfgarer garen.

Für die Meersalz-Karamell-Sauce die Butter in einem Topf zum Schmelzen bringen. Braunen Zucker, Vanille und Schlagobers zugeben, gut verrühren und für ca. 5 Minuten simmern lassen. Den Topf von der Hitze nehmen und mit etwas Meersalz nach Geschmack würzen.

Zum Anrichten den Toffee Pudding schneiden und mit reichlich Meersalz-Karamell-Sauce übergießen. Am besten schmeckt das Dessert, wenn es warm serviert wird. Es reicht aber, die vorgeschnittenen Kuchenstücke vor dem Servieren in der Mikrowelle zu erhitzen!

Weinempfehlung

Opitz One

Dunkles Bernstein, rote Reflexe. Kräftige Dörrobstaromen, zarte Tabaktöne, kandierte Orangenschalen, sehr vielschichtiges, facettenreiches Bukett, würzige Nuancen. Komplexer Gaumen mit Noten von Schokolade und gebrannten Nüssen, saftig und gut strukturiert, angenehme Säurestruktur.

Peter Wolff
Heuriger und Weingut Wolff

Trauben-Strudel vom Wiener Gemischten Satz

Zutaten

Strudelteig:

200 g Mehl

1 EL neutrales Öl

0,125 l lauwarmes Wasser

Öl zum Bestreichen und Bedecken

Mehl zum Bestauben

Fülle:

100 g weiche Butter

100 g geröstete Haselnüsse

54 g Staubzucker

1 Pkg. Vanillezucker

2 Eidotter, 2 Eiklar

54 g Kristallzucker

340 g Weintrauben

Prise Salz

flüssige Butter zum Bestreichen

evtl. 200 g Topfen

Alle Zutaten für den Strudelteig mit dem Knethaken schlagen, bis ein glatter Teig entsteht. Anschließend aus dem Teig eine Kugel formen und in einer Schüssel mit neutralem Öl bedeckt 45 Minuten rasten lassen.

Zimmerwarme Butter, Haselnüsse, Staubzucker, Vanillezucker und Prise Salz schaumig rühren. Eidotter nach und nach einrühren. Eiklar und Kristallzucker zu halbsteifem Schnee schlagen und unter die Masse heben (Variation: noch den Topfen dazugeben).

Ein sauberes Tuch mit Mehl bestauben, Teig ebenfalls mit Mehl stauben und mit einem Nudelholz gleichmäßig ausrollen. Anschließend den Teig nochmals mit Öl bestreichen. Mit dem Handrücken den Teig hauchdünn und gleichmäßig ausziehen. Die dicken Ränder abschneiden.

Die Fülle auf dem ausgezogenen Strudelteig verteilen und die Weintrauben gleichmäßig darüberstreuen. Strudel vorsichtig einrollen und mit der Naht nach unten vorsichtig auf das Blech heben. Zum Schluss den Kuchen mit flüssiger Butter bestreichen und bei 170 °C 30–40 Minuten backen.

Dazu empfehlen wir Vanillesauce oder Schlagobers.

Weinempfehlung

Wiener Gemischter Satz

Helles Grüngelb, in der Nase zarte Apfelfrucht, filigrane Pfirsichnoten, ein Hauch Kräuter mit floralem Touch, am Gaumen zarte und cremige Struktur, süffig und trinkanimierend, feine Blütenanklänge, feine Extraktsüße, duftig im Abgang.

Index

Wien

Niederösterreich

Carnuntum

Kamptal

Kremstal

Thermenregion

Wachau

Weinviertel

Burgenland

Neusiedlersee

Leithaberg

Mittelburgenland

Südburgenland

Steiermark

Süd-Oststeiermark

Südsteiermark 98

Weststeiermark 104

Bild- und Quellennachweis

Soweit nicht anders vermerkt, liegen die Rechte für alle Fotos, Texte und Rezepte beim jeweiligen Winzer, den Weingütern, Kellereien und Köchen, Wirten und Restaurants.

Rezepte:

aus: Adi Bittermann/Renate Wagner-Wittula, Die Wiener Küche (Wien: Pichler Verlag 2011): 154, 212 (Autorin und Verlag bedanken sich für die freundliche Abdruckgenehmigung)

aus: Esterházy Kochbuch, Pannonische Köstlichkeiten und Fürstliche Weine ausgewählt von Christoph Wagner (Verlag Loewenzahn in der Studienverlag Ges.m.b.H, 2009): 122, 126, 138 (Autorin und Verlag bedanken sich für die freundliche Abdruckgenehmigung)

Vulcano: Kaninchen-Saltimbocca: Michael Schwarzmann: 175 / Weiße Eierschwammerlsuppe Iris Porsche Hotel: 113

Johanna Gebeshuber und Harald Brunner – Spaetrot Heuriger: 146

Wieninger: Kalbsbries: Christian Berger, Restaurant Zur Goldenen Kugel: 202

Fotos:

Thomas Krombholz: 4
Georg Oberweger: 18
Reinhard Mandl: 22
Robert Herbst: 44
Paul Landl: 52, 53
Michael Winkelmann: 56, 57
Robert Bolterauer: 58
Michael Himml: 62
Seymann: 63
Steve Haider: 72, 73, 84, 85
Wolfgang Prummer: 75
Martin Trenkler: 76
Jerzy Bin: 77
Andreas Hafenscher: 80, 81, 122, 138
Roland Wimmer: 81
Bernhard Bergmann: 96, 97
Josef Fürbass: 107
Stefan Liewehr: 123, 127, 139
Johann Zugschwert: 135
Jürgen Thoma: 137
Kurt-Michael Westermann: 155, 213

ÖWM / Gerhard Elze: Wien Nussberg, 10
ÖWM / Anna Stöcher: Willi Klinger Seite 7, Neusiedlersee 70
ÖWM / Egon Mark: Wachau Weißenkirchen 56
ÖWM / Topografische Karten Wien, Carnuntum, Kamptal, Kremstal, Thermenregion, Wachau, Weinviertel, Neusiedlersee, Leithaberg, Mittelburgenland, Südburgenland, Süd-Oststeiermark, Südsteiermark, Weststeiermark

Regionales Weinkomitee Kamptal: Robert Herbst, Gobelsburg: 34 / Hofer, Etsdorf: 35

Fotolia.com (stokkete: Umschlag / Taffi: 9 / Barbara Pheby: 9, 239 / kab-vision: 111
Dzinnik Darius: 115 / T.A: 147 / circleps: 191 / Bernd Juergens: 201 / Doris Heinrichs: 223
Yves Roland: 229 / Daniel Gilbey: 235 / joerg mikus: 238)

istockphoto.com (kabVisio: Umschlag)

picturedesk.com (Franz Neumayr: Holz)

gettyimages.com (Bozena_Fulawka: Holzrahmen / Zoonar RF: Papier / Magone: Holzstruktur, loops7: Blatt)

ISBN 978-3-85431-673-2

Bücher aus der Verlagsgruppe Styria gibt es in der Buchhandlung und im Online-Shop

styriabooks.at

Umschlag- und Buchgestaltung: Marianne Prutsch
Lektorat: Josef Weilguni
Reproduktion: pixelstorm, Wien
Druck und Bindung: Neografia
Printed in EU

IMPRESSUM

BRUT BLANC
WEINRIEDER